HARRAP'S

Hungarian phrasebook

Richard Burian
Kinga Maior

New York   Chicago San Francisco Lisbon London Madrid Mexico City
Milan New Delhi San Juan Seoul Singapore Sydney Toronto

ISBN 978-0-07-154613-3
MHID 0-07-154613-8

McGraw-Hill books are available at special quantity discounts to use as premiums and sales promotions, or for use in corporate training programs. For more information, please write to the Director of Special Sales, Professional Publishing, McGraw-Hill, Two Penn Plaza, New York, NY 10121-2298. Or contact your local bookstore.

Publishing Manager
Anna Stevenson

Prepress
Nicolas Echallier

CONTENTS

INTRODUCTION

This brand new English-Hungarian phrasebook from Harrap is ideal for anyone wishing to try out their foreign language skills while travelling abroad. The information is practical and clearly presented, helping you to overcome the language barrier and mix with the locals.

Each section features a list of useful words and a selection of common phrases: some of these you will read or hear, while others will help you to express yourself. The simple phonetic transcription system, specifically designed for English speakers, ensures that you will always make yourself understood.

The book also includes a mini bilingual dictionary of around 5000 words, so that more adventurous users can build on the basic structures and engage in more complex conversations.

Concise information on local culture and customs is provided, along with practical tips to save you time. After all, you're on holiday – time to relax and enjoy yourself! There is also a food and drink glossary to help you make sense of menus, and ensure that you don't miss out on any of the national or regional specialities.

Remember that any effort you make will be appreciated. So don't be shy – have a go!

ABBREVIATIONS USED IN THIS BOOK

adj	adjective		*mpl*	masculine plural
adv	adverb		*n*	noun
f	feminine		*pl*	plural
fpl	feminine plural		*prep*	preposition
inv	invariable		*v*	verb
m	masculine		*sing*	singular
mf	masculine and féminine			

PRONUNCIATION

For every sentence written in Hungarian in this guide you will find the pronunciation written in italics.

There are over 40 sounds in the Hungarian language. This can be daunting, but most sounds have approximate English equivalents and they can be divided into four easy-to-remember groups: short vowels, long vowels, single-letter consonants and multiple-letter consonants. When you learn the pronunciation you will find it very easy to read Hungarian as there are no exceptions to the regular pronunciation rules.

Note that the **bold** text indicates that you should stress that syllable.

Vowels – Short and Long

Hungarian has 14 vowels. Half of these are short and the pronunciation is slightly different to what one would expect in English. The short vowels are as follows:

Letter	Name of Letter	Pronunciation	Transcription
a	*a*	**o** as in h**o**t	o
e	*e*	**e** as in b**e**d	e
i	*i*	**i** as in b**i**g	i
o	*o*	**a** as in b**a**ll, but shorter	oh
ö	*ö*	**i** as in g**i**rl	uh
u	*u*	short **oo** as in g**oo**d	oo
ü	*ü*	**u** as in bl**u**e, but shorter; try to purse your lips as if to say "oo" but instead say "ee"	uu

The other seven vowels are all long; length marks are added to the original vowels and they are pronounced slightly differently. The difference in pronunciation for some vowels is very subtle to the English-speaking ear and so in these cases the sounds will be transcribed in the same way as their shorter counterparts.

Letter	Name of Letter	Pronunciation	Transcription
á	á	**a** as in f**a**ther	a
é	é	**a** as in d**a**re	eh
í	í	**ee** as in b**ee**r	ee
ó	ó	**o** as in s**o**ld; similar to **o** above, but longer	oh
ő	ő	**i** as in g**i**rl; similar to **ö** above, but longer	uh
ú	ú	long **u** as in c**oo**l	oo
ű	ű	**oo** as in m**oo**n; similar to **ü** above but longer	oo

Consonants – Single and Multiple

Hungarian has two sets of consonants. The first set are represented by a single letter and are by and large pronounced the same way as their English counterparts.

Letter	Name of letter	Pronunciation	Transcription
b	bé	**b** as in **b**all	b
c	cé	**ts** as in **ts**ar	ts
d	dé	**d** as in **d**og	d
f	ef	**f** as in **f**un	f
g	gé	**g** as in **g**ood	g
h	há	**h** as in **h**ot	h
j	jé	**y** as in **y**ear	y
k	ká	**k** as in mil**k**	k
l	el	**l** as in **l**ine	l
m	em	**m** as in **m**aid	m
n	en	**n** as in **n**ail	n
p	pé	**p** as in **p**ile	p
r	er	**r** as in **r**oad	r
s	es	**sh** as in ca**sh**	sh
t	té	**t** as in **t**ake	t
v	vé	**v** as in **v**ery	v
z	zé	**z** as in **z**oo	z

The other set of consonants in Hungarian is made up of groups of two or three letters:

Letter	Name of letter	Pronunciation	Transcription
cs	csé	**ch** as in **ch**air	ch
dz	dzé	**dz** as in ga**dz**ooks	dz
dzs	dzsé	**j** as in **j**ungle	j
gy	gyé	**di** as in me**di**um	di
ly	jé	**y** as in **y**ear	y
ny	eny	**ni** as in o**ni**on	ny
sz	esz	**s** as in **s**imple	s
ty	tyé	**ty** as in a**t y**our	ty
zs	zsé	**s** as in plea**s**ure	zh

Note that the letters **q**, **w** and **x** are found in Hungarian but only in words of foreign origin; they do not occur frequently as Hungarian tends to create its own words rather than adopt foreign ones. When you do see them, they are pronounced *koo*, *dooploveh* and *iks*. In Hungarian, the letter **y** is only used when it occurs in the double consonants **gy**, **ly**, **ny** and **ty**. You might rarely see it in a name such as **Garay** or **Horkay**, but this is an archaic use.

EVERYDAY CONVERSATION

Traditionally, Hungarian men would shake hands with other men when they met and greet women with a kiss on either cheek; women would also greet other women with two kisses. This gender distinction is beginning to disappear, however, and it is increasingly common for everyone to greet everyone else (especially among the younger generations) with a handshake, though close friends and young people usually stick to the traditional means of greeting.

Hungarian has a formal and an informal way of addressing people. The formal way is called **magázás** (referring to yourself when speaking to others) and the informal way is called **tegezés** (referring directly to the other person). You would never greet a stranger informally – although it is common to see people doing surveys and/or handing out flyers on the street intentionally trying to break this stereotype. Whenever conducting official business in a bank, office or speaking to staff at a restaurant the formal way of speaking is used. Very close friends sometimes jokingly use the formal way of speaking to address each other but using the informal way reveals a closeness that most older Hungarians would find offensive.

The basics

bye	viszlát *vislat*, szia *sio*
excuse me	elnézést *elnehzehsht*
good afternoon	jó napot *joh nopoht*
goodbye	viszontlátásra *visohntlatasro*
good evening	jó estét *joh eshteht*
good morning	jó reggelt *joh reggelt*
goodnight	jó éjszakát *joh ehysokat*
hello	helló *helloh*

hi	szia *sio*
no	nem *nem*
OK	OK *ohkeh*, rendben *rendben*
pardon	bocsánat *bohchanot*
please	kérem *kehrem*
thanks, thank you	kösz *kuhs*, köszönöm *kuhsuhnuhm*
yes	igen *igen*

Expressing yourself

I'd like ...
szeretnék...
seretnehk...

we'd like ...
mi szeretnénk...
mi seretnehnk...

do you want ...?
szeretnél...?
seretnehl...?

do you have ...?
van Önnek...?
von uhn-nek...?

is there a ...?
van itt egy...?
von itt edi...?

are there any ...?
vannak itt...?
vonnok itt...?

how ...?
hogyan...?
hohdion...?

why ...?
miért...?
miehrt...?

when ...?
mikor...?
mikohr...?

what ...?
mi...?
mi...?

where is ...?
hol van...?
hohl von...?

where are ...?
hol vannak...?
hohl vonnok...?

how much is it?
mennyibe kerül?
mennyibe keruul?

what is it?
mi az?
mi oz?

do you speak English?
beszél angolul?
besehl ongohlool?

where are the toilets, please?
hol van a mosdó, kérem?
hohl von o mohsdoh, kehrem?

how are you?
hogy van?
hohdi von?

fine, thanks
jól, köszönöm
johl, kuhsuhnuhm

thanks very much
nagyon szépen köszönöm
nodiohn sehpen kuhsuhnum

no, thanks
nem, köszönöm
nem, kuhsuhnum

yes, please
igen, kérem
igen, kehrem

you're welcome
szívesen
seevesen

see you later
viszlát
vislat

I'm sorry
sajnálom
soynalohm

Understanding

bejárat	entrance
dohányozni tilos	no smoking
figyelem	attention
foglalt	reserved
kijárat	exit
mosdó	toilets
nem működik	out of order
nyitva	open
parkolni tilos	no parking
szabad	free
tilos…	do not …
zárva	closed

van
there's/there are…

Isten hozott!
welcome

nem bánja, ha…?
do you mind if …?

pillanat
one moment, please

foglaljon helyet
please take a seat

PROBLEMS UNDERSTANDING HUNGARIAN

Expressing yourself

pardon?
kérem?
kehrem?

what?
tessék?
teshehk?

could you repeat that, please?
megismételné, kérem?
megishmehtelneh, kehrem?

could you speak more slowly?
mondja lassabban
mohndyo loshobbon

I don't understand
nem értem
nem ehrtem

I understand a little Hungarian
csak kicsit értek magyarul
chok kichit ehrtek modiorool

I can understand Hungarian but I can't speak it
értek magyarul, de nem tudok beszélni
ehrtek modiorool, de nem toodohk besehlni

I hardly speak any Hungarian
alig beszélek magyarul
olig besehlek modiorool

do you speak English?
beszél angolul?
besehl ongohlool?

how do you say ... in Hungarian?
hogy mondják ...-t magyarul?
hohdi mohndyak ...-t modiorool?

how do you spell it?
hogy írják?
hohdi eerjak?

what's that called in Hungarian?
hogy hívják azt magyarul?
hohdi heevyak ozt modiorool?

could you write it down for me?
le tudná írni nekem?
le toodna eerni nekem?

Understanding

ért magyarul?
do you understand Hungarian?

leírom Önnek
I'll write it down for you

azt jelenti, hogy...
it means …

egyfajta...
it's a kind of …

SPEAKING ABOUT THE LANGUAGE

Expressing yourself

I learned a few words from my phrasebook
tanultam egypár szót a nyelvkönyvből
tonooltom edipar soht o nyelvkuhnyvbuhl

I can just about get by
éppen, hogy megértem
ehppen, hohdi megehrtem

I hardly know two words!
alig tudok két szót!
olig toodohk keht soht!

I find Hungarian a difficult language
a magyart nehéz nyelvnek találom
o modiort nehehz nyelvnek tolalohm

I know the basics but no more than that
csak az alapokat tudom
chok oz olopohkot toodohm

people speak too quickly for me
túl gyors az élőbeszéd nekem
tool diohrs oz ehluhbesehd nekem

Understanding

jó a kiejtése
you have a good accent

nagyon jól beszél magyarul
you speak very good Hungarian

ASKING THE WAY

Expressing yourself

excuse me, can you tell me where the ... is, please?
elnézést, meg tudja mondani, hol van a..., kérem?
elnehzehsht, meg toodyo mohndoni, hohl von o..., kehrem?

which way is it to …?
merre van a...?
merre von o...?

can you tell me how to get to …?
meg tudja mondani, hogy jutok a... hoz?
meg toodyo mohndoni, hohdi jootohk a... hohz?

is there a … near here?
van egy ... a közelben?
von edi ... o kuhzelben?

could you show me on the map?
meg tudná mutatni a térképen?
meg toodna mootootni o tehrkehpen?

is there a map of the town somewhere?
van egy várostérkép valahol?
von edi varohshtehrkehp volohohl?

is it far?
messze van?
messe von?

I'm looking for …
keresem a...
kereshem o...

I'm lost
el vagyok tévedve
el vodiohk tehvedve

Understanding

kövessen	follow
menjen le	go down
menjen fel	go up
menjen tovább	keep going
balra	left
jobbra	right
előre	straight ahead
forduljon be	turn

gyalog van?
are you on foot?

autóval öt percre van
it's five minutes away by car

az első/második/harmadik kanyarnál van
it's the first/second/third on the left

térjen jobbra a körforgalomnál
turn right at the roundabout

EVERYDAY CONVERSATION

térjen balra a banknál
turn left at the bank

menjen a következő kijárathoz
take the next exit

nincs messze
it's not far

csak a kanyaron túl van
it's just round the corner

GETTING TO KNOW PEOPLE

The basics

bad	rossz *rohss*
beautiful	szép *sehp*
boring	unalmas *oonolmosh*
cheap	olcsó *ohlchoh*
expensive	drága *drago*
good	jó *joh*
great	nagyszerű *nodiseruu*
interesting	érdekes *ehrdekesh*
nice	kedves *kedvesh*
not bad	nem rossz *nem rohss*
well	jól *johl*
to hate	utálni *ootalni*
to like	kedvelni *kedvelni*
to love	szeretni *seretni*

INTRODUCING YOURSELF AND FINDING OUT ABOUT OTHER PEOPLE

Expressing yourself

my name's …
a nevem…
o nevem…

what's your name?
hogy hívják?
hodi heevyak?

how do you do!
hogy van?
hohdi von?

pleased to meet you!
örülök az ismeretségnek
uhruuluhk oz ishmeretshehgnek

this is my husband/my wife
ez a férjem/feleségem
ez o fehryem/feleshehgem

this is my partner, Karen
ez a partnerem, Karen
ez o portnerem, keren

I'm English
angol vagyok
ongohl vodiohk

I'm from …
én …-ból/ből jövök
ehn …bohl/buhl juhvuhk

how old are you?
mennyi idős?
menn-yi iduhsh?

what do you do for a living?
mit dolgozik?
mit dohlgohzik?

I work
én dolgozom
ehn dohlgozohm

I work part-time
félállásban dolgozom
fehlallashbon dohlgohzohm

I work in marketing
marketing-ben dolgozom
morketing-ben dohlgohzohm

I'm retired
nyugdíjas vagyok
nyoogdeeyosh vohdiohk

I have two children
két gyerekem van
keht dierekem von

two boys and a girl
két fiú és egy lány
keht fioo ehsh edi lany

a boy of five and a girl of two
egy öt éves fiú és egy két éves lány
edi uht ehvesh fioo ehsh edi keht ehvesh lany

we're American
amerikaiak vagyunk
omerikoiok vodiunk

where are you from?
honnan való?
hohnnon voloh?

I'm 22
huszonkét éves vagyok
hoosonkeht ehvesh vodiohk

are you a student?
diák?
diak?

I'm studying law
jogot tanulok
yohgot tonoolohk

I'm a teacher
tanár vagyok
tonar vodiohk

I stay at home with the children
háziasszony vagyok
haziossohny vodiohk

I'm self-employed
saját üzletem van
shoyat uuzletem von

we don't have any children
nincsenek gyerekeink
ninchenek dierekeink

have you ever been to Britain?
volt már Nagy Britanniában?
vohlt mar nodi britonniabon?

Understanding

Ön angol?
are you English?

elég jól ismerem Angliát
I know England quite well

mi is szabadságon vagyunk itt
we're on holiday here too

szeretnék Skóciába látogatni egy szép nap
I'd love to go to Scotland one day

TALKING ABOUT YOUR STAY

Expressing yourself

I'm here on business
üzleti ügyben vagyok itt
uuzleti uudiben vodiohk itt

we're on holiday
szabadságon vagyunk
sobodshagohn vodiunk

I arrived three days ago
három napja érkeztem meg
harohm nopyo ehrkeztem meg

we've been here for a week
egy hete vagyunk itt
edi hete vodiunk itt

I'm only here for a long weekend
csak egy hosszú hétvégére vagyok itt
chok edi hohssoo hehtvehgehre vodiohk itt

we're just passing through
csak átmenőben vagyunk
chok atmenuhben vodiunk

we're on our honeymoon
a mézes heteket töltjük
o mehzesh heteket tuhltyuuk

this is our first time in Hungary
először vagyunk Magyarországon
eluhsuhr vodiunk modiorohrsagohn

we're here to celebrate our wedding anniversary
az esküvői évfordulónkat ünnepeljük itt
o eshkuuvuhi ehvfohrdulohnkot uunepelyuuk itt

we're here with friends
barátokkal vagyunk itt
boratohkkol vodiunk itt

we're touring around
túrázunk
toorazunk

we managed to get a cheap flight
sikerült egy olcsó járattal jönnünk
shikeruult edi ohlchoh yarohtol juhn-nuunk

we're thinking about buying a house here
tervezünk házat venni itt
tervezuunk hazot venni itt

Understanding

kellemes üdülést!
enjoy your stay!

kellemes pihenést a továbbiakban!
enjoy the rest of your holiday!

ez az első utuk Magyarországon?
is this your first time in Hungary?

mennyi időre maradnak?
how long are you staying?

tetszik a hely/az ország?
do you like it here?

voltak már ...?
have you been to ...?

STAYING IN TOUCH

Expressing yourself

we should stay in touch
szeretnénk tartani a kapcsolatot
seretnehnk tortoni o kopchohlotoht

I'll give you my e-mail address
megadom az e-mail címem
megodohm oz i-mehl tseemem

here's my address, in case you ever come to Britain
ez a címem, ha esetleg jönne Nagy Britanniába
ez o tseemem, ho eshetleg yuhne nodi britonniabo

Understanding

megadná a címét?
will you give me your address?

van e-mail címe?
do you have an e-mail address?

akármikor nagyon szívesen látjuk itt
you're always welcome to come and stay with us here

EXPRESSING YOUR OPINION

Some informal expressions

óriási volt! *oriahshi volt!* it was fantastic!
nagyon jól telt! *nodion joh volt!* it went very well
uncsi volt *oonchi volt* it was really dull

Expressing yourself

I really like …
nagyon tetszik…
nodiohn tetsik…

I really liked …
nagyon tetszett…
nodiohn tetset…

I don't like …
nem tetszik…
nem tetsik…

I didn't like …
nem tetszett…
nem tetset…

I love …
szeretem…
seretem…

I loved …
szerettem…
seret-tem…

I would like …
szeretnék…
seretnehk…

I would have liked …
szerettem volna…
seret-tem vohlna…

I find it ...
úgy gondolom, hogy…
oodi gohndohlohm, hohdi…

I found it ...
találtam…
tolaltom…

it's lovely
nagyon klassz
nodiohn klos

it was lovely
klassz volt
klos vohlt

I agree
egyetértek
edietehrtek

I don't agree
nem értek egyet
nem ehrtek ediet

I don't know
nem tudom
nem toodohm

I don't mind
nem bánom
nem bahnohm

I don't like the sound of it
nem tetszik az ötlet
nem tetsik oz uhtlet

it sounds interesting
érdekesnek hangzik
ehrdekeshnek hongzik

it really annoys me
nagyon idegesít
nodiohn idegeseet

it was boring
unalmas volt
oonolmos vohlt

it's a rip-off
ez kitolás
ez kitolash

it gets very busy at night
éjjelre nagyon megindul a menet
eh-yelre nodiohn megindool o menet

it's too busy
túl sokan vannak
tool sohkon vonnok

it's very quiet
nagyon csendes
nodiohn chendesh

I really enjoyed myself
igazán jól éreztem magam
igozan johl ehreztem mogom

we had a great time
nagyon jót szórakoztunk
nodiohn joht sohrokohztoonk

there was a really good atmosphere
a hangulat nagyon jó volt
o hongoolot nodiohn joh vohlt

we met some nice people
megismertünk egypár kedves embert
megishmertuunk edipar kedvesh embert

we found a great hotel
találtunk egy klassz szállodát
tolaltoonk edi klos sal-lohdaht

tetszik…?
do you like …?

jót szórakoztak?
did you enjoy yourselves?

el kellene mennie…
you should go…

ajánlom…
I recommend…

egy csodálatos hely/környék
it's a lovely area

alig van ott turista
there aren't too many tourists

ne menjen a hétvégén, túl sokan vannak
don't go at the weekend, it's too busy

egy kissé drága/sokba kerül
it's a bit overrated

TALKING ABOUT THE WEATHER

Some informal expressions

de meleg/hideg van! *de meleg/hideg von* it's boiling/freezing!
hogy esik az eső! *hohdi eshik oz eshuh* it's pouring down!
halok meg a melegtől *holohk meg o melegtuhl* I'm dying of the heat

Expressing yourself

have you seen the weather forecast for tomorrow?
látta az időjárásjelentőt holnapra?
lat-to oz iduhyarashyelentuht hohlnopro?

it's going to be nice
szép idő lesz
sehp iduh les

it isn't going to be nice
rossz idő lesz
rohss iduh les

it's really hot
nagyon meleg van
nodiohn meleg von

it gets cold at night
lehűl az idő éjjelre
lehuul oz iduh ehyelre

the weather was beautiful
az időjárás szép volt
oz iduhjarash sehp vohlt

it rained a few times
esett az eső egypárszor
eshett oz eshuh ediparsohr

there was a thunderstorm
vihar volt
vihor vohlt

it's very humid here
nagyon párás a levegő itt
nodiohn parash o leveguh itt

it's been lovely all week
egész héten nagyon szép idő volt
egehs hehten nodiohn sehp iduh vohlt

we've been lucky with the weather
szerencsések voltunk az időjárással
serenchehshek vohltunk oz iduhyarashol

Understanding

állítólag esni fog
it's supposed to rain

jó időt mondtak a hét többi részére
they've forecast good weather for the rest of the week

holnap megint forróság lesz
it will be hot again tomorrow

TRAVELLING

The basics

airport	repülőtér *repuuluhtehr*
boarding	felszállás *felsallash*
boarding card	felszállókártya *felsallohkartya*
boat	hajó *hojoh*
bus	busz *boos*
bus station	buszállomás *boosallomash*
bus stop	buszmegálló *boosmegalloh*
car	autó *aootoh*
check-in	bejelentkezés *beyelentkezehsh*
coach	távolsági busz *tavolshagi boos*
ferry	komp *kohmp*
flight	járat *jarot*
gate	kapu *kopoo*
left-luggage (office)	csomagmegőrzőiroda *chohmogmeguhrzuh*
luggage	csomagok *chohmogohk*
map	térkép *tehrkehp*
motorway	autópálya *aootohpaya*
passport	útlevél *ootlevehl*
plane	repülőgép *repuuluhgehp*
platform	vágány *vagany*
railway station	vonatállomás *vohnotallohmash*
return (ticket)	menettéri jegy *menettehri yedi*
road	út *oot*
shuttle bus	repülőtéri busz *repuulohtehri boos*
single (ticket)	egyirányú jegy *ediranyoo yedi*
street	utca *ootso*
street map	utcai térkép *ootsoi tehrkehp*
taxi	taxi *toksi*
terminal	végállomás *vehgallohmash*
ticket	jegy *yedi*
timetable	menetrend *menetrend*
town centre	városközpont *varohshkuhzpohnt*
train	vonat *vohnot*

tram	**villamos** *villohmohsh*
underground	**metró** *metroh*
underground station	**metrómegálló** *metrohmegalloh*
to book	**lefoglalni** *lefohglolni*
to check in	**bejelentkezni** *beyelentkezni*
to hire	**bérelni** *behrelni*

Expressing yourself

where can I buy tickets?
hol tudnék jegyet venni?
hohl toodnehk yediet venni?

a ticket to ..., please
kérek szépen egy jegyet ...-ra
kehrek sehpen edi yediet ...-ro

I'd like to book a ticket
szeretnék jegyet foglalni
seretnehk yediet fohglolni

how much is a ticket to ...?
mennyibe kerül a jegy ...-ra?
mennyibe keruul o yedi ...-ro?

are there any concessions for students?
van-e diákkedvezmény?
vone diakkedvezmehny?

could I have a timetable, please?
egy menetrendet kérek szépen
edi menetrendet kehrek sehpen

is there an earlier/later one?
van-e egy későbbi/korábbi járat?
vone edi kehshuhbbi/korabbi jarot?

how long does the journey take?
milyen hosszú lesz az út?
miyen hohssoo les oz oot?

is this seat free?
szabad-e az ülés?
sobode oz uulehsh?

I'm sorry, there's someone sitting there
elnézést, de valaki ül ott
elnehzehsht, de voloki uul ohtt

Understanding

Making sense of abbreviations

BKV = Budapesti Közlekedési Vállalat	Budapest Rail Company	
MÁV = Magyar Államvasutak	Hungarian Rail Company	

csat. = csatlakozások	connections
elm. = elmarad	cancelled
érk. = érkezés	arrival
ind. = indulás	departure
kiv. = kivéve	except

H = héftő	Monday
K = kedd	Tuesday
Sze = szerda	Wednesday
Cs = csütörtök	Thursday
P = péntek	Friday
Szo = szombat	Saturday
V = vasárnap	Sunday

bejárat	entrance
férfiak	gents
hölgyek	ladies
információ	information
jegyek	tickets
késik	delayed
kijárat	exit
nők	ladies
tilos a belépés!	no entry
urak	gents
WC	toilets

minden le van foglalva
everything is fully booked

BY PLANE

Domestic flights are not very common in Hungary, largely because they are far more expensive than travelling by train, bus or car and also because they often end up taking longer than land-based travel. Budapest has an international airport called **Ferihegy**, which has connections to all major European cities. Hungary's national Airline is called **MALEV**.

Expressing yourself

where's the British Airways check-in?
hol van a British Airways bejelentkezési helye?
hohl vono british airways beyelentkezehshi heye?

I've got an e-ticket
nekem internetes jegyem van
nekem internetesh yediem von

one suitcase and one piece of hand luggage
egy bőrönd és kézicsomag
edi buhruhnd ehsh kehzichohmog

what time do we board?
mikor szállunk fel?
mikohr salloonk fel?

I'd like to confirm my return flight
szeretném a visszautamat lefoglalni
seretnehm o vissoootomot lefohglolni

one of my suitcases is missing
az egyik bőröndöm hiányzik
oz ediik buhruhnduhm hianyzik

my luggage hasn't arrived
nem jött meg a csomagom
nem yuht meg o chohmogohm

the plane was two hours late
a repülőgép két órát késett
o repuuluhgehp keht ohrat kehshett

I've missed my connection
lemaradtam a csatlakozásról
lemorodtom o chotlokozoshrohl

I've left something on the plane
a repülőgépen hagytam valamit
o repuuluhgehpen hoditom volomit

I want to report the loss of my luggage
szeretném a csomagom elvesztését feljelenteni
seretnehm o chohmogohm elvestehsheht felyelenteni

Understanding

adómentes	duty free
árubevallás	goods to declare
azonnali felszállás	immediate boarding
bejelentkezés	check-in
belföldi járatok	domestic flights
csomagátvétel	baggage reclaim
indulási váróterem	departure lounge
nincs bejelenteni való	nothing to declare
útlevél vizsgálat	passport control
vám	customs

kérem az indulási váróteremben várni
please wait in the departure lounge

az ablak mellett vagy a sor mellett szeretne ülni?
would you like a window seat or an aisle seat?

át kell majd szállni...-ban/-ben
you'll have to change in …

mennyi csomagja van?
how many bags do you have?

Ön csomagolta be a csomagokat?
did you pack all your bags yourself?

valaki adott-e valamit szállítás céljából?
has anyone given you anything to take on board?

öt kilóval túl nehéz a csomag
your luggage is five kilos overweight

tessék, a felszállási kártya
here's your boarding card

fellszállás ...-kor kezdődik
boarding will begin at ...

kérem fáradjanak a ...-es kapuhoz
please proceed to gate number …

ez az utolsó felhívás ...-ra
this is a final call for …

ezt a számot lehet felhívni a csomag érkezését leellenőrizni
you can call this number to check if your luggage has arrived

BY TRAIN, BUS, UNDERGROUND, TRAM

In Budapest, you can buy various types of tickets at the entrances to underground stations, including books of 10 or 20 single tickets, transfer tickets and a 2- or 3-day pass called the **Budapest Card**, all of which are valid for travel on buses, the underground and trams. You cannot buy tickets from bus drivers or on trams but must purchase them in advance and validate them once on board. A new ticket must be validated every time you change trains, or change to another form of transport (inspections are common). Underground lines are identified by their number, colour and destination. Public transport runs from 5am to 11 or 11.30pm depending on the line, but there is an extensive night bus service after that. Electronic signs display the names of stops on underground trains, trams and some buses. Doors open automatically on underground trains and trams; on buses you need to press the button on the handrail or above the door.

Expressing yourself

can I have a map of the underground, please?
kérek szépen egy térképet a metróhálózatról
kehrek sehpen edi tehrkehpet o metrohhalohzotrohl

what time is the next train to …?
mikor jön a következő vonat …-ra?
mikohr yuhn o kuhvetkezuh vohnot …-ro?

what time is the last train?
mikor jön az utolsó vonat?
mikohr yuhn oz ootohlshoh vohnot?

which platform is it for …?
melyik vágányról indul…?
meyik vaganyrohl indool…?

where can I catch a bus to …?
honnan tudok busszal…-ra menni?
hohnnon toodohk boosal…-ro menni?

does this bus/train go to …?
ez a busz megy…-ra?
ez o boos medi…-ro?

which line do I take to get to …?
melyik sorba kell állnom, ha …-ra mennék?
meyik sohrbo kell allnom, ho …-ro mennehk?

is this the stop for …?
ez a megálló a …-i járatra?
ez o megalloh o …-i yarotro?

is this where the coach leaves for …?
innen indul a busz …-ra?
innen indool o boos …-ro?

can you tell me when I need to get off?
megkérhetném, hogy szóljon, amikor le kell szállnom?
megkehrhetnehm, hodi sohlyohn omikohr le kell sallnohm?

I've missed my train/bus
lemaradtam a vonatomról/buszomról
lemorodtom o vohnotohmrohl/boosomrohl

Understanding

a vonatokhoz	to the trains
foglalások	bookings
havi	monthly
heti	weekly
jegyiroda	ticket office
jegyiroda (mai napra)	tickets for travel today
napi	for the day

van egy megálló egy kicsit tovább a jobb oldalon
there's a stop a bit further along on the right

sajnos, nincs aprópénz
I'm afraid I can't give change

majd...-n kell átszállni
you'll have to change at …

a...-os számú busszal kell menni
you need to get the number … bus

a vonat...-n is megáll
this train calls at …

két megálló innen
two stops from here

BY CAR

Your British driving licence will be valid in Hungary, and you must always carry it with you. Speed limits are 130km/h on motorways, 110km/h on main roads and 50km/h in built-up areas. Outside big cities, it is compulsory to drive with your headlights on day and night. Seatbelts must be worn at all times in the front, and in the back if the car has them. There is a zero-tolerance policy on drink-driving: a single drink will put you over the limit. In order to drive on motorways you must display a special sticker in your window, available from one of the many service stations. Car theft is common, so it's best to use guarded open-air car parks, of which Budapest has plenty.

Taxis have yellow number plates. It's best to use a big taxi firm or to agree on the price with the driver before you set off. Fares are lower when you phone for a taxi than when you hail one in the street. It is common to give the driver a small tip (no more than 10%).

Expressing yourself

where can I find a service station?
hol találok benzinkutat?
hohl tolalohk benzin kootot?

lead-free petrol, please
ólommentes benzint kérek
ohlohmmentesh benzint kehrek

how much is it per litre?
mennyibe kerül egy liter?
mennyibe keruul edi liter?

we got stuck in a traffic jam
beragadtunk egy dugóba
berogodtoonk edi doogohbo

is there a garage near here?
van-e a közelben egy autószerviz?
vone o kuhzelben edi aootoserviz?

can you help us to push the car?
segítene nekünk az autót tolni?
segeetene nekuunk oz aootoht tohlni?

the battery's dead
az elem ledöglött
oz elem leduhgluhtt

the car has broken down
ledöglött az autó
leduhgluhtt oz aootoh

we've run out of petrol
elfogyott a benzinünk
elfohdiohtt o benzinuunk

we've just had an accident
balesetünk volt
bolesetuunk vohlt

I've got a puncture and my spare tyre is flat
kilyukadt a kerék és a pótkerékben nincs levegő
kiyukodt o kerehk ehsh o pohtkerehkben ninch leveguh

I've lost my car keys
elvesztettem a kulcsomat az autóhoz
elvestettem o koolchohmot oz aootohohz

how long will it take to repair?
mennyi időbe fog kerülni a megjavítás?
mennyi iduhbe fohg keruulni o megyaoveetas?

◆ Hiring a car

I'd like to hire a car for a week
szeretnék egy autót bérelni egy hétre
seretnehk edi aootoht behrelni edi hehtre

how much does it cost per day?
mennyibe kerül egy napra?
mennyibe keruul edi nopro?

an automatic (car)
egy automata (autót)
edi aootohmata (aootoht)

do I have to fill the tank up before I return it?
fel kell tölteni a tankot, mielőtt visszahozom?
fel kell tuhlteni o tonkoht, mieluhtt vissohohzohm?

I'd like to take out comprehensive insurance
szeretnék általános biztosítást kivenni
seretnehk altolanohsh biztohseetast kivenni

◆ Getting a taxi
is there a taxi rank near here?
van-e a közelben egy taxi megálló?
vone o kuhzelben edi toksi megalloh?

I'd like to go to ...
szeretnék ...-ba/-be menni
seretnehk ...-bah/-be menni

I'd like to book a taxi for 8pm
szeretnék egy taxit foglalni este nyolc órára
seretnehk edi toksit fohglolni eshte niolts ohraro

you can drop me off here, thanks
itt kiengedhet, köszönöm
itt kiengedhet, kuhsuhnuhm

how much will it be to go to the airport?
mennyibe fog kerülni a repülőtérre menni?
mennyibe fohg keruulni o repuuluhtehrre menni?

◆ Hitchhiking

I'm going to …
…-ba/-be megyek
…-bah/-be mediek

can you drop me off here?
itt ki tud engedni?
itt ki tood engedni?

could you take me as far as …?
el tudna vinni …-ig?
el toodno vinni …-ig?

thanks for the lift
köszönöm az utat
kuhsuhnuhm oz ootot

we hitched a lift
stoppoltunk
shtohppohltoonk

Understanding

autóbérlés	car hire
jegyeket megtartani	keep your ticket
lassú	slow
más irányba	other directions
matricákat kiragasztani	pay and display
megtelve	full *(car park)*
minden irányba	all directions
parkoló	car park
szabad helyek	spaces *(car park)*
tilos a parkolás!	no parking

**a jogosítványt, egy másik igazolványt, a lakcímről egy
igazolványt és egy hitelkártyát kérek**
I'll need your driving licence, another form of ID, proof of address and your
credit card

van egy 50.000 forintos letét
there's a deposit of 50,000 forints

szálljon be, elviszem …-ig
all right, get in, I'll take you as far as …

TRAVELLING

BY BOAT

In Budapest, there are boat trips to take you from one end of the Danube to the other or simply to offer you a view of the city. There are also regular crossings from Budapest to Vienna. Information on all trips is available from tourist information offices.

In many other parts of Hungary, the only way to cross the Danube is by ferry.

Expressing yourself

how long is the crossing?
mennyi időbe telik az átkelés?
mennyi iduhbe telik oz atkelehsh?

I feel seasick
rosszul vagyok
rohssool vodiohk

Understanding

csak gyalogosok   foot passengers only
következő átkelés ...-kor   next crossing at …

Prices vary considerably between high and low season. You can book hotels online, by fax or over the phone. In Budapest, an alternative to youth hostels (very cheap) or hotels (much more expensive and ranging from 2 star to 5 star) is to stay in a B&B. However, some of these family-run establishments can be hard to get to without a car. Another option is to look for a room in a private home; you can find agencies online that offer this service. You will also find people at stations offering rooms but be aware that quality varies wildly.

In hotels, you often have to fill in a form and show your passport. Whatever type of accommodation you choose, it's always best to book in advance, particularly in high season. Prices shown include all taxes. Hotels and most B&Bs accept credit cards, but youth hostels and private hosts may not (check before you go). Breakfast is included in hotels but not always when staying with a family.

The basics

apartment	lakás *lokash*
bath	fürdőkád *fuurduhkad*
bathroom	fürdőszoba *fuurduhsohbo*
bathroom with shower	fürdőszoba zuhannyal *fuurduhsohbo zuhony-ol*
bed	ágy *ahdi*
bed and breakfast	panzió *ponzioh*
cable television	kábeltévé *kabeltehveh*
campsite	kemping *kemping*
caravan	lakókocsi *lakohkohchi*
cottage	villa *villo*
double bed	duplaágy *dooplo adi*
double room	kétágyas szoba *kehtadiosh sohbo*
en-suite bathroom	személyes fürdőszoba *semeh-yes fuurduhsohbo*

family room	családi szoba *chohlahdi sohbo*
flat	lakás *lokash*
full-board	teljes panzió *tey-yes ponzioh*
fully inclusive	mindent tartalmazó *mindent tortolmozoh*
half-board	félpanzió *fehlponzioh*
hotel	szálloda *sal-lohdo*
key	kulcs *koolch*
rent	lakbér *lokbehr*
self-catering	saját konyhával *sojat kohnyhavol*
shower	zuhanyzó *zoohonyzoh*
single bed	egyszemélyes ágy *edisemehlyesh adi*
single room	egyszemélyes szoba *edisemehlyesh sohbo*
tenant	lakó *lokoh*
tent	sátor *satohr*
toilets	vécék *vehcehk*
youth hostel	ifjúsági szálló *ifyooshagi salloh*
to book	lefoglalni *lefohglolni*
to rent	kibérelni *kibehrelni*
to reserve	előrerendelni *eluhrerendelni*

ACCOMMODATION

Expressing yourself

I have a reservation
lefoglaltam egy szobát
lefohgloltom edi sohbaht

the name's ...
... névre
... *nehvre*

do you take credit cards?
elfogadnak hitelkártyát?
elfohgodnok hitelkartyat?

Understanding

megtelt	full
privát	private
recepció	reception
szabad helyek	vacancies
vécé	toilets

kitöltené ezt a lapot?
could you fill in this form?

megnézhetem az útlevelét?
could I see your passport, please?

HOTELS

Expressing yourself

do you have any vacancies?
van-e szabad hely?
von e sobod hely?

how much is a double room per night?
mennyibe kerül egy duplaszoba egy éjszakára?
menn yibe keruul edi dooplasohba edi ehysokaro?

I'd like to reserve a double room/a single room
le szeretnék foglalni egy dupla/egyszemélyes szobát
leseretnehk fohglolni edi dooplo/ediszemehyes sohbaht

for three nights
három éjszakára
harohm ehsokaro

would it be possible to stay an extra night?
lehetséges lenne még egy éjszakát maradni?
lehetshehgesh lenne mehg edi eysokaht morodni?

do you have any rooms available for tonight?
van-e szabad szobájuk ma estére?
von-e sobod sobahyook mo eshtehre?

do you have any family rooms?
van-e családi szobájuk?
von-e choladi sohbayuk?

would it be possible to add an extra bed?
lehetséges lenne még egy ágyat betenni?
lehetshehgesh lenne mehg edi adiot betenni?

could I see the room first?
megnézhetem a szobát először?
megnehzhetem o sobat eluhsuhr?

do you have anything bigger/quieter?
van-e egy nagyobb/csendesebb szoba?
von-e edi nodiohbb/chendeshebb sohbo?

that's fine, I'll take it
ez megfelelő, elfogadom
ez megfeleluh, elfogohdohm

could you recommend any other hotels?
tudna-e más szállodát javasolni?
toodno-e mash sallohdaht jovosohlni?

is breakfast included?
a reggeli is beleszámolva?
o reggeli is belesamohlvo?

what time do you serve breakfast?
hány órakor van a reggeli?
hany ohrakohr von o reggeli?

is there a lift?
van-e lift?
von-e lift?

is the hotel near the centre of town?
a szálloda a központhoz közel van?
o sallohdo o kuhzpohnthohz kuhzel von?

what time will the room be ready?
hány órakor lesz kész a szoba?
hany ohrokohr les kehs o sohbo?

the key for room ..., please
kérem a ...-as számú szoba kulcsát
kehrem o ...-os samoo sohbo koolchat

could I have an extra blanket?
kaphatnék még egy takarót?
kophotnehk mehg edi tokoroht?

the air conditioning isn't working
a klíma nem működik
o kleema nem muukuhdik

could I book a wake-up call, please?
tudnának nekem reggel ébresztő telefont adni?
toodnanok nekem reggel ehbrestuh telefohnt odni?

I'd like to check out, please
ki szeretnék jelentkezni
kiseretnehk jelentkezni

Understanding

sajnálom, de megteltek a szobák
I'm sorry, but we're full

csak egyszemélyes szoba kapható
we only have a single room available

hány éjszakára?
how many nights is it for?

szabad-e a nevét?
what's your name, please?

a bejelentkezés déltől van
check-in is from midday

még nincs kész a szobája
your room isn't ready yet

reggel tizenegy óra előtt ki kell jelentkezni
you have to check out before 11am

a reggelit reggel fél nyolctól kilenc óráig tartjuk az étteremben.
breakfast is served in the restaurant between 7.30 and 9.00

szeretne egy újságot reggel?
would you like a newspaper in the morning?

használta-e a minibárt?
have you used the minibar?

itt hagyhatja a táskákat
you can leave your bags here

YOUTH HOSTELS

Expressing yourself

do you have space for two people for tonight?
van helyük két személyre ma estére?
von heyuuk keht semehyre mo eshtehre?

we've booked two beds for three nights
lefoglaltunk két ágyat három éjszakára
lefohgloltoonk keht adiot harohm ehysokaro

could I leave my backpack at reception?
itt hagyhatom a hátizsákomat a recepción?
itt hodihotohm o hatizhakohmot o retseptsiohn?

do you have somewhere we could leave our bikes?
a bicikliket hol lehet hagyni?
o bitsikliket hohl lehet hodini?

I'll come back for it around 7 o'clock
visszajövök érte hét órakor
vissojuhvuhk ehrte heht ohrokohr

there's no hot water
nincs meleg víz
ninch meleg veez

the sink's blocked
eldugult a mosdó
eldoogoolt o mohzhdoh

Understanding

van-e tagsági kártyája?
do you have a membership card?

az ágynemű jár a szobához
bed linen is provided

a szálló este hatkor újra nyit
the hostel reopens at 6pm

SELF-CATERING

Expressing yourself

we're looking for somewhere to rent near a town
keresünk albérletet közel egy városhoz
keresuunk albehrletet kuhzel edi varohshohz

where do we pick up/leave the keys?
hol lehet felvenni/letenni a kulcsot?
hohl lehet felvenni/letenni o koolchoht?

is electricity included in the price?
az áram bele van számolva az árba?
oz arom bele von samohlvo oz arbo?

are bed linen and towels provided?
az ágynemű és a törölköző jár?
oz adinemuu ehsh o tuhruhlkuhzuh jar?

is a car necessary?
szükséges az autó?
suukshehgesh oz aootoh?

is there a pool?
van uszoda/medence?
von oosohdo/medentse?

is the accommodation suitable for elderly people?
a szállás megfelelő idős személyeknek?
o sallash megfeleluh iduhsh semehyeknek?

where is the nearest supermarket?
hol van a legközelebbi bevásárlóhely?
hohl von o legkuhzelebbi bevasarloh-hey?

Understanding

kérem, hagyjak tisztán a házat, miután elmennek
please leave the house clean and tidy after you leave

a ház teljesen be van rendezve
the house is fully furnished

minden bele van számolva az árba
everything is included in the price

igazából egy autóra van szükség ezen a környéken
you really need a car in this part of the country

CAMPING

Expressing yourself

is there a campsite near here?
van itt egy kemping?
von itt edi kemping?

I'd like to book a space for a two-person tent for three nights
szeretnék egy kétszemélyes sátorra helyet foglalni három éjszakára
seretnehk edi kehtsemehyesh shatohrra heyet fohglolni harohm ehysokaro

how much is it a night?
mennyibe kerül egy éjszaka?
mennyibe keruul edi ehysoko?

where is the shower block?
hol van a zuhanyzó?
hohl von o zoohonyzoh?

can we pay, please? we were at space …
fizethetnénk? a …-as helyen voltunk
fizethetnehnk? o …-osh heyen vohltoonk

Understanding

… forintba kerül egy személyre éjszakánként
it's … per person per night

ha szükség van valamire, nyugodtan kérdezzen
if you need anything, just come and ask

Hungarians start the day early with a hearty breakfast (**reggeli**). Traditionally, lunch (**ebéd**) was the main meal, with dinner (**vacsora**) being a light snack eaten between 6 and 7pm. Today, however, many Hungarians just have a sandwich at lunchtime and enjoy going out for an evening meal, particularly at weekends.

There are plenty of small cafés open from around 8am to 3pm, which are ideal for a quick lunch. They serve a variety of sandwiches, salads, fast food and traditional snacks (such as **főzelék** – see Food and Drink chapter).

In the evening, you can find restaurants serving both Hungarian and international food (Chinese, Italian etc). Most are open until 11 or 12pm. Most menus have an English or German translation. A typical meal consists of soup or a cold starter, a main course (accompaniments are ordered and paid for separately) and a dessert, often followed by coffee or liqueurs. You can ask for bread but will usually be charged for it. It's common to order a bottle of mineral water. Service is rarely included and a tip of 10-15% is expected: give it directly to your waiter or waitress rather than leaving it on the table.

Tea rooms (**cukrászda**) are open all day for hot drinks and cakes, and you can also go for a drink in a bar at any time (open till around midnight or 1am). Try a specialized wine or beer bar, which also serve snacks. You can order either at the bar or from your table, and generally pay on leaving. Beer (**sör**) is the most popular drink; **pálinka** is a type of Hungarian brandy.

The basics

beer	sör *shuhr*
bill	számla *samlo*
black coffee	feketekávé *feketekaveh*
bottle	üveg *uuveg*

bread	kenyér *kenyehr*
breakfast	reggeli *reggeli*
coffee	kávé *kaveh*
Coke®	kóla *kohlo*
dessert	deszert *dessert*
dinner	vacsora *vochohro*
fruit juice	gyümölcslé *diuumuhlchleh*
lemonade	limonádé *limohnadeh*
lunch	ebéd *ebedh*
main course	főétel *fuhehtel*
menu	menü *menuu*
mineral water	ásványvíz *ashvanyveez*
red wine	vörösbor *vuhruhsbohr*
rosé wine	rozé *rohzeh*
salad	saláta *solato*
sandwich	szendvics *sendvich*
service	kiszolgálás *kisohlgalash*
sparkling *(water, wine)*	szénsavas *sehnsovos*
starter	előétel *eluhehtel*
still *(water)*	szénsavmentes *sehnsovmentesh*
tea	tea *teo*
tip	borravaló *bohrovoloh*
water	víz *veez*
white coffee	fehérkávé *fehehrkaveh*
white wine	fehérbor *fehehrbohr*
wine	bor *bohr*
wine list	borlista *bohrlishto*
to eat	enni *enni*
to have breakfast	reggelizni *reggelizni*
to have dinner	vacsorázni *vochohrazni*
to have lunch	ebédelni *ebehdelni*
to order	rendelni *rendelni*

EATING AND DRINKING

Expressing yourself

shall we go and have something to eat?
menjünk enni?
menyuunk enni?

do you want to go for a drink?
menjünk egy italra?
mennyuunk edi itolro?

can you recommend a good restaurant?
tudsz egy jó vendéglőt ajánlani?
toods edi yoh vendehgluht oyanloni?

I'm not very hungry
nem vagyok éhes igazán
nem vodiohk ehhes igozan

excuse me! *(to call the waiter)*
elnézést!
elnehzehsht!

cheers!
egészség!
egehs shehg

that was lovely
finom volt
finohm vohlt

could you bring us an ashtray, please?
tudna hozni egy hamutárcát, kérem?
toodno hohzni edi homoo tartsat kehrem?

where are the toilets, please?
hol van a mosdó, kérem?
hohl von o mohzhdoh kehrem

Understanding

étel elvitelre	takeaway
nyitva	open
zárva	closed

sajnálom, este 11 órától nem szolgálunk
I'm sorry, we stop serving at 11pm

RESERVING A TABLE

Expressing yourself

I'd like to reserve a table for tomorrow evening
szeretnék egy asztalt foglalni holnap estére
seretnehk edi ostolt fohglohlni hohlnop eshtehre

for two people
két személyre
keht semehlyre

around 8 o'clock
nyolc óra körül
niohlts ohro kuhruul

do you have a table available any earlier than that?
van üres asztal ennél korábban?
von uures ostol ennehl kohrabbon

I've reserved a table – the name's …
asztalt foglaltam, a nevem...
ostolt fohgloltom, o nevem...

Understanding

foglalt
reserved

hány órára?
for what time?

hány személyre?
for how many people?

milyen névre?
what's the name?

dohányzó vagy nem-dohányzó?
smoking or non-smoking?

foglalt asztalt?
do you have a reservation?

megfelel a sarokasztal?
is this table in the corner OK for you?

attól tartok, most nincs üres asztal
I'm afraid we're full at the moment

ORDERING FOOD

Expressing yourself

yes, we're ready to order
igen, szeretnénk rendelni
igen, seretnehnk rendelni

no, could you give us a few more minutes?
nem, kaphatnénk egypár percet?
nem, kophotnehnk edi par pertset?

I'd like …
szeretnék...
seretnehk...

could I have …?
kaphatok...?
kophotohk...?

I'm not sure, what's "pecsenye"?
nem vagyok biztos, mi a "pecsenye"?
nem vodiok biztosh mi o pechenye?

I'll have that
ezt kérem
ezt kehrem

does it come with vegetables?
zöldség is jár köretként?
zuhldsehg is yar kuhretkehnt?

what are today's specials?
mi az ajánlatuk?
mi oz ojanlotook?

what desserts do you have?
milyen desszertjeik vannak?
milyen dessertyeik vonnok?

I'm allergic to nuts/wheat/seafood/citrus fruit
allergiás vagyok a dióra/búzára/tengeri herkentyűkre/citrusfélékre
ollergias vodiok o diohro/boozaro/tengeri herkentyuukre/tsitrush fehlehkre

some water, please
egy kis vizet kérek
edi kish vizet kehrek

a bottle of red/white wine
egy üveg vörös/fehér bort
edi uuveg vuhruhs/fehehr bohrt

that's for me
az nekem van
oz nekem von

this isn't what I ordered, I wanted …
nem ezt rendeltem/akartam...
nem ezt rendeltem/okortom...

could we have some more bread, please?
kaphatunk még kenyeret, kérem?
kophotoonk mehg kenyeret, kehrem?

could you bring us another jug of water, please?
hozna egy másik kancsó vizet, kérem?
hohzno edi masik konchoh vizet, kehrem?

Understanding

szeretnének rendelni?
are you ready to order?

visszajövök egypár perc múlva
I'll come back in a few minutes

sajnálom, de nem maradt több…
I'm sorry, we don't have any … left

mit szeretnének inni?
what would you like to drink?

szeretnének deszertet vagy kávét?
would you like dessert or coffee?

minden rendben volt?
was everything OK?

BARS AND CAFÉS

Expressing yourself

I'd like …
szeretnék…
seretnehk…

a glass of white/red wine
egy pohár fehér/vörös bort
edi poh har fehehr/vuhruhs bohrt

a cup of tea
egy csésze tea
edi chehse teo

a cup of hot chocolate
egy csésze forró csokit
edi chehse fohrroh chohkit

a Coke®/a diet Coke®
egy kólát/diétás kólát
edi kohlat/diehtash kohlat

a black/white coffee
egy fekete/fehér kávét
edi fekete/fehehr kaveh

a coffee and a roll
egy kávét és egy kiflit
edi kaveht ehsh edi kiflit

the same again, please
ugyanazt még egyszer, kérem
udionozt mehg ediser, kehrem

Understanding

alkoholmentes
non-alcoholic

ez a nem-dohányzó rész
this is the non-smoking area

megkérhetem, hogy most fizessen?
could I ask you to pay now, please?

mit kérsz/szeretnél?
what would you like?

Some informal expressions

másnapos vagyok *mashnopos vodiohk* I have a hangover
túl jól laktam *tool johl loktom* I ate too much
bezabáltam! *bezobaltom!* I'm stuffed!
kopognak a szemeim *kohpohgnok o semeim*
I'm starving! (literally: my eyes knock)

THE BILL

Expressing yourself

the bill, please
a számlát kérem!
o samlaht kehrem!

how much do I owe you?
mennyivel tartozom?
menyivel tortohzohm?

do you take credit cards?
elfogadnak hitelkártyát?
elfohgodnok hitelkartyat?

I think there's a mistake in the bill
azt hiszem, a számla hibás
ozt hisem, o samlo hibash

is service included?
a borravaló a számlához tartozik?
a bohr rovoloh o samlahohz tortohzik?

Understanding

mind együtt fizetnek?
are you all paying together?

igen, a borravaló a számlához tartozik
yes, service is included

EATING AND DRINKING

Hungarians have a substantial breakfast (**reggeli**) including cereal and cold meats or cheese.

Lunch (**ebéd**) is traditionally the main meal of the day. It would typically consist of soup (**leves**), a main course (**főétel**) and accompaniment (**köret**), sometimes a salad, and a dessert (**édesség** or **desszert**), followed by coffee and sometimes a liqueur (usually **pálinka**). In restaurants, main courses and their accompaniments (rice, potatoes or vegetables) are listed separately and must be ordered as separate dishes. A meal like this is likely to be very filling as Hungarian cuisine tends to be quite heavy and starchy, particularly in winter. In everyday life, however, Hungarians often just grab a sandwich at lunchtime. A traditional Hungarian sandwich is an open one: a slice of bread spread with butter or flavoured cream cheese and topped with other ingredients, either served cold or warmed under the grill (in which case it is known as a **melegszendvics**).

Dinner (**vacsora**) is traditionally a light meal, usually a "cold platter" (**hideg vacsora**) of assorted cheeses, cold meats and vegetables. This is the closest thing you'll find to a cheeseboard, as cheese is never served after a meal.

Recently, lighter and more exotic foods have emerged as fashionable alternatives to traditional fare. Interest in organic food is growing and vegetarian food is popular.

Hungarians love savoury snacks and nibbles; they buy them to eat in the street or serve them to guests at any occasion and time of day. Favourites include **sós sütemények** (a generic term for a whole range of small savoury crackers and puff-pastry bites) and **pogácsa** (floury, puff-pastry balls, often flavoured with cheese, mixed seeds, pork crackling or potato).

FOOD AND DRINK

Popular snacks at theme parks, open-air swimming pools and on the banks of Lake Balaton include **lángos** (deep-fried, round flatbreads, served hot and often flavoured with garlic or topped with grated cheese or sour cream), **zsíros kenyér** (slices of bread and dripping sprinkled with chopped raw onion and paprika) and **perec** (pretzels).

Understanding

főtt	boiled
friss	fresh
füstölt	smoked
fűszerezett	spiced
panírozott	breaded
párolt	steamed
rántott	fried
sült	roasted
szárított	dried
szeletelt	sliced
töltött	stuffed

♦ előételek starters

Menus sometimes distinguish between hot (**meleg**) and cold (**hideg**) starters.

hortobágyi palacsinta	pancakes filled with chicken and mushrooms in a creamy sauce
libamáj	goose liver
padlizsánkrém/vinete	a paste made of fried aubergine, mustard, chopped onions and vegetable oil
rántott sajt	fried cheese (most often Brie or Camembert)

♦ levesek soups

bableves	bean soup, usually more of a thick stew made from large, flat red beans with pieces of smoked meat and bay leaves
csontleves	bone soup, a thin golden-yellow soup made from ox or beef leg
gombaleves	mushroom soup

gulyásleves	goulash: beef, potatoes, carrots and turnips in a thick, spicy paprika-flavoured stew
gyümölcsleves	fruit soup: a favourite summer recipe, served cold and made with apples, cherries, sour cherries, pears and crème fraîche

♦ főételek mains

Meat is cooked in a variety of ways, and the names of dishes are often based on the sauce that comes with the meat. There is an endless variety of sauces and they can differ from one restaurant to another; favourites include: **orly módra** (with cheese, ham and mushrooms), **parasztosan** ("peasant-style", with bacon), **pékné módra** (baked in the oven with onions and potatoes) and **vadas** (made with carrots).

brassói aprópecsenye	beef or pork roasted "Brassó style", with spiced, fried potatoes
bélszín	the finest slices of meat (pork, beef or venison), served with vegetables, potatoes and a sweet sauce (made from cranberries, carrots etc)
csirkepaprikás	chicken cooked with onions and paprika sauce, usually served with mashed potatoes or nokedli (a floury pasta-type dough torn into small chunks and cooked)
lecsó	cooked vegetables served with sliced sausages
mákos tészta	pasta served with poppy seeds and sugar (very sweet!)
pörkölt	literally means "charred": beef, pork or chicken roasted with onions in a saucepan and then topped up with water, oil and paprika and simmered, served with potatoes, nokedli or rice
rakott káposzta	layers of cabbage, rice and meat baked in the oven
rakott krumpli	layers of sliced potatoes, eggs, sausage and bacon baked in the oven
túrós tészta	cooked pasta served with fried bacon and

cottage cheese, topped with soured cream or crème fraîche

♦ **köretek** accompaniments

Főzelék is a traditional dish of vegetables boiled in water or stock and then mixed with a thick white sauce. Varieties include **babfőzelék** (made with dried beans), **kelkáposztafőzelék** (with cabbage), **parajfőzelék** (with spinach and garlic), **sárgaborsófőzelék** (with split peas), **zöldbabfőzelék** (with green beans), **zöldborsófőzelék** (with peas), **tökfőzelék** (with marrow).

These vegetable dishes are usually topped with a **feltét** (minced meat, a slice of dried sausage or an egg). Although **főzelék** is shown on menus as an accompaniment, it is very filling on its own.

galuska	flour and egg paste torn into chunks and cooked into soup or **főzelék**
krumplipüré	mashed potatoes
nokedli	floury pasta-type dough torn into chunks and simmered in soup or **főzelék**
petrezselymeskrumpli	potato chunks cooked and then roasted with parsley
rizs	rice

♦ **saláta** salads

When Hungarians think of salad, they traditionally mean pickled goods which are served as an accompaniment to the main course. Western-style salads are only really found in large cities and are hard to come by in smaller towns. Apart from pickled beetroots, cabbage (red and white), gherkins, peppers, cauliflower and broccoli, there are a number of traditional salads, listed below, which can be found virtually everywhere accompanying main meals.

csalamádé	assortment of pickled cabbage, peppers and gherkins in thin slices
paradicsomsaláta	thinly-sliced tomato sprinkled with parsley
uborkasaláta	sliced cucumbers sprinkled with paprika and soured cream

♦ deszert desserts

A wide range of cakes (**torta**) is available – mainly sponge cakes with some kind of creamy topping, served in slices (**szelet**). Hungarians are fond of making **sütés** – sweet or savoury snacks in tiny bite-sized pieces. The sweet versions come in many varieties, including ingredients such as walnuts, chestnuts, chocolate, icing sugar, lemons, apples and pears. The savoury type are topped with cheese or filled with cottage cheese. A favourite Hungarian snack is called **pogácsa,** which is a type of scone made with cheese, cottage cheese or bacon fat.

almás rétes	apple strudel
bejgli	Swiss-roll type cake made with walnuts, poppy seeds or chestnuts (usually eaten at Christmas)
diós pite	walnut cake
dobostorta	chocolate cake made with many layers of hard icing
fagylalt, fagyi	ice cream
gesztenyepüré	chestnut purée served with whipped cream
Gundel palacsinta	type of pancake that originates from the Gundel Café in the centre of Budapest; made from chocolate, raisins, cream, it is covered in rum and then flambéed
madártej	floating islands
mákos guba	bread rolls soaked in milk and covered with a sweet poppy-seed mixture
somlói galuska	sponge cake with raisins, rum, chocolate and cream
szilvásgombóc	sponge cake made with a whole plum inside and served hot

FOOD AND DRINK

túrógombóc   sponge cake with cottage cheese inside, served hot

♦ **italok** drinks

Drinks such as coffee and hot chocolate are usually served with a glass of mineral water or still water in Hungary. Still water is always provided free of charge. Soft drinks are usually ordered by the **deci**, that is **három deci** (300 ml), **négy deci** (400 ml) or **öt deci** (500 ml). Beer is usually ordered in **félkorsó** (250 ml) or **korsó** (500 ml). Hungarian beer is the most common, but in many places they serve bottles of foreign beer from all over Europe. It is difficult to find ale (**angol sör**) and cider (**alma sör**) in Hungary, but there are a few places that sell such things (such as the Irish Pub in Budapest) for a hefty price!

Water (**ásványvíz**) comes in two varieties: **szénsavas** (sparkling) and **szénsavmentes** (still). Hungarians buy it by the gallon and will always buy some along with their milk and bread. Some even buy small cylinders called **patron**, which they use at home to make their own carbonated water.

áfonyapálinka	blueberry brandy
bor	wine
eszpresszó	expresso
fehér bor	white wine
fekete tea	black tea
forró csokoládé	hot chocolate
gyümölcslé	fruit juice
gyümölcslé alma	apple juice
gyümölcslé narancs	orange juice
gyümölcs tea	fruit tea
kávé	coffee
körtepálinka	pear brandy
pálinka	brandy
szilvapálinka	plum brandy
tea	tea
zöld tea	green tea

üdítő   soft drink
vörös bor   red wine

GLOSSARY OF FOOD AND DRINK

alma apple
bab beans
bélszín fillet
borjú mutton
bors pepper
brokkoli broccoli
burgonya potato
cékla beetroot
citrom lemon
comb drumstick
cukkini zucchini, courgette
cukor sugar
csapolt sör draught beer
cseresznye cherry
csirke chicken
csirkemell chicken breast
csokoládé chocolate
csülök smoked ham
dió walnut
dzsem jam
ecetes with vinegar
édes sweet
eper strawberry
fagylalt ice cream
fahéj cinnamon
fehér bab white beans
fehérrépa parsnip
fejessaláta lettuce
féledes medium-sweet
félszáraz medium-dry
felvágott cold cuts
fokhagyma garlic
fűszer spice
gomba mushrooms
görögdinnye watermelon

grillezett grilled
gyömbér ginger
gyümölcs fruit
hagyma onion
hal fish
hátszín back fillets
hering herring
hideg cold
hidegtál cold meat platter
hús meat
jégkrém ice cream
joghurt yoghurt
juhsajt sheep's cheese
kacsa duck
kagyló shellfish
kapor dill
káposzta cabbage
karaj escalopes
karavánsajt smoked cheese
karfiol cauliflower
kávé coffee
kefir fermented milk
keksz biscuit
keménytojás hard-boiled eggs
kenyér bread
kifli rolls
kolbász sausage
korsó mug (of beer)
kömény cumin
körözött cheese paste seasoned
    with pepper, paprika and onions
körte pear
krumpli potato
kukorica corn
lazac salmon

lekvár jam
lencse lentils
likőr liqueur
liszt flour
magos kenyér wholegrain bread
máj liver
málna raspberry
mandarin mandarin
margarin margarine
marha beef
márványsajt blue cheese
meggy sour cherry
mogyoró hazelnut
mustár mustard
narancs orange
olaj oil
omlett omelette
öntött sajt cream cheese
őszibarack peach
pacal tripe
padlizsán eggplant, aubergine
paprika paprika; peppers
paradicsom tomatoes
péksütemény baking
petrezselyem parsley
pisztráng trout
ponty cod
póréhagyma leek
pulyka turkey
püré purée
rántotta scrambled eggs
retek radish
ribizli redcurrants
sajt cheese
sárgabarack apricots
sárgaborsó chickpeas
sárgadinnye cantaloupes
sárgarépa carrots
sertés pork

só salt
sonka ham
spenót spinach
sütemény baking
sütőtök squash
szalámi salami
szalonna bacon
száraz dry
szárazbab dried beans
szardínia sardines
szárnyas poultry
szarvas venison
szeder blackberry
szelet slice
szendvics sandwich
szerecsendió nutmeg
szezámmag sesame seeds
szilva plums
szőlő grapes
tea tea
tej milk
tejföl soured cream
tejszín cream
tejszínhab whipped cream
tészta pastry
tojás egg
tonhal tuna
torma horseradish
tök pumpkin
trappista sajt cheddar cheese
tükörtojás fried eggs (sunny side up)
tyúk hen
uborka gherkin; cucumber
vad wild
vaddisznó wild boar
vaj butter
véres black pudding
virsli frankfurters
vörösbab kidney beans

vöröshagyma red onions
zeller celery
zöldborsó peas

zöldség vegetables
zsemle roll
zsír lard

GOING OUT

In Budapest, the free listings magazine *Pesti-Est* comes out every Thursday and can be found in cafés, restaurants, bars and tourist offices. It lists all the shows, exhibitions and other events by theme. The *Budapest Sun* is an English-language newspaper.

Cinema tickets can be bought in advance and seats are always numbered. Besides the multiplexes, there are lots of arthouse cinemas complete with cafés and sometimes book shops.

Various concerts are held throughout the year, mainly of classical and traditional music.

Hungarians don't tend to entertain very often, but if you are invited to someone's home you should be punctual and bring either something to drink or some flowers (Budapest is full of florists).

On a night out, Hungarians usually meet friends in a bar or restaurant before moving on to a club or traditional dancehall (**táncház**), where they will stay until the early hours. Admission prices usually include a drink, and girls often get in free.

The basics

ballet	balett *bolett*
band	zenekar *zenekor*
bar	bár *bar*
cinema	mozi *mohzi*
circus	cirkusz *tsirkoos*
classical music	klasszikus zene *klos-sikoosh zene*
club	klubb *kloob*
concert	koncert *kohntsert*
dubbed film	szinkronizált film *sinkrohnizalt film*
festival	fesztivál *festival*
film	film *film*

folk music	népzene *nehpzene*
group	együttes *ediuut-tesh*
jazz	dzsessz *jezz*
modern dance	moderntánc *mohderntants*
musical	zenés játék *zenehsh yatehk*
opera	opera *ohpero*
party	buli *booli*
play	játék *yatehk*, színdarab *seendorob*
pop music	popzene *pohpzene*
rock music	rockzene *rohkzene*
show	előadás *eluhodash*
subtitled film	feliratos film *felirotohsh film*
theatre	színház *seenhaz*
ticket	jegy *yedi*
to book	lefoglalni *lefohglolni*
to go out	szórakozni *sohrokohzni*

SUGGESTIONS AND INVITATIONS

Expressing yourself

where can we go?
hová menjünk?
hohva mediuunk

what do you want to do?
mit akar csinálni?
mit okor chinahlni?

shall we go for a drink?
menjünk egy italra?
menyuunk edi itolro?

what are you doing tonight?
mit csinál ma este?
mit chinal mo eshte?

do you have plans?
vannak tervei mára?
vonnok tervei maro?

would you like to ...?
szeretne...?
seretne...?

we were thinking of going to ...
úgy gondoltuk, hogy elmegyünk...
uhdi gohndohltook, hohdi elmediuunk...

I can't today, but maybe some other time
ma nem tudok jönni, de majd máskor
mo nem toodohk yuhnni, de moyd mashkohr

I'm not sure I can make it
nem biztos, hogy tudok jönni
nem biztohsh, hohdi toodohk yuhnni

I'd love to
szeretnék, persze
seretnehk, perse

ARRANGING TO MEET

what time shall we meet?
mikor találkozunk?
mikohr tolalkohzunk?

where shall we meet?
hol találkozunk?
hohl tolalkohzunk?

would it be possible to meet a bit later?
lehetne kicsit később találkozni?
lehetne kichit kehsuhbb tolalkohzni?

I have to meet … at nine
kilenckor találkozom ... -val/-vel
kilentskohr tolalkohzohm ...-vol/-vel

I don't know where it is but I'll find it on the map
nem tudom, hol van, de megtalálom a térképen
nem toodohm, hohl von, de megtolalohm o tehrkehpen

see you tomorrow night
találkozunk holnap este
tolalkohzoonk hohlnop eshte

I'll meet you later, I have to stop by the hotel first
találkozunk később, meg kell állnom a szállodánál először
tolalkohzoonk kehshuhbb, meg kell allnohm o sallohdanal eluhsuhr

I'll call/text you if there's a change of plan
felhívom/írok sms-t, ha megváltozott a terv
felheevohm/eerok eshemesht, ho megvaltohzohtt o terv

are you going to eat beforehand?
eszik előtte?
esik eluhtte?

sorry I'm late
elnézést a késésért
elnehzehsht o kehshehshehrt

Understanding

ez rendben van?/ez megfelel Önnek?
is that OK with you?

nyolckor jövök Önért
I'll come and pick you up about 8

ott találkozunk
I'll meet you there

kinn találkozunk. a ... előtt találkozunk
we can meet outside …

megadom a számomat és felhívhat holnap
I'll give you my number and you can call me tomorrow

Some informal expressions

menjünk egy italra? *menyuunk edi itolro?* do you want a drink?
menjünk enni? *menyuunk enni?* do you want something to eat?
gyere bulizni *diere boolizni* come and party with me/us
menjünk randira *menyuunk rondiro* let's go on a date

FILMS, SHOWS AND CONCERTS

Expressing yourself

is there a guide to what's on?
van egy programműsor?
von edi prohgromuushohr?

I'd like three tickets for …
három jegyet kérek a... előadásra
harohm yediet kehrek o ... eluhodahshro

two tickets, please
két jegyet kérek
keht yediet kehrek

it's called …
a címe...
o tseeme...

I've seen the trailer
láttam a bemutatót
lattom o bemoototoht

what time does it start?
mikor kezdődik?
mikor kezduhdik?

I'd like to go and see a show
el szeretnék menni megnézni az előadást
el seretnehk menni megnehzni oz eluhodahsht

I'll find out whether there are still tickets available
megtudakolom, hogy vannak-e még jegyek
megtoodokohlohm, hohdi vonnok-e mehg yediek

how long is it on for?
meddig játsszák?
meddig yats-sahk?

do we need to book in advance?
előre kell foglalni a jegyet?
eluhre kell fohglolni o yediet?

are there tickets for another day?
van jegyük egy más napra?
von yediuuk edi mash nopro?

I'd like to go to a bar with some live music
olyan bárba akarok menni, ahol élőzene van
ohyon barbo okorok menni, ohohl ehluhzene von

are there any free concerts?
van ingyenes koncert is?
von indienesh kohntsert ish?

what sort of music is it?
milyen zene?
miyen zene?

Understanding

délutáni előadás	matinée
foglalások	bookings
forgalomba hozzák ...	on general release from …
jegyiroda	box office
le van mondva	cancelled

szabadtéri koncert
it's an open-air concert

nagyon jó kritikának örvend
it's had very good reviews

az Odeon-ban játsszák este nyolc órakor
it's on at 8pm at the Odeon

teltház van arra az előadásra
that showing's sold out

teljesen foglalt... -ig
it's all booked up until …

jövő héten jön ki
it comes out next week

semmi szükség előre foglalni
there's no need to book in advance

a darab másfél óra, beleértve a szünetet is
the play lasts an hour and a half, including the interval

szeretne egy műsort vásárolni?
would you like to buy a programme?

kérem kapcsolják ki a mobiltelefonjukat
please turn off your mobile phones

PARTIES AND CLUBS

Expressing yourself

I'm having a little leaving party tonight
ma este van a búcsúpartim
mo eshte von o boochuuportim

should I bring something to drink?
hozzak valami innivalót?
hohzzok volomi innivoloht?

we could go to a club afterwards
elmehetnénk egy klubba utána
elmehetnehnk edi kloob-ba ootano

do you have to pay to get in?
kell belépőt fizetni?
kell belehpuht fizetni?

I have to meet someone inside
találkoznom kell valakivel benn
tolalkohznohm kell volokivel benn

will you let me back in when I come back?
megint beenged, ha kimegyek?
megint be-enged, ho kimediek?

the DJ's really cool
a dj igazán klassz
o deejeh igazan kloss

can I buy you a drink?
meghívhatom egy italra?
megheevhotohm edi itolro?

thanks, but I'm with my boyfriend
kösz, de a barátommal vagyok
kuhs, de o boratohm-mol vodiohk

no thanks, I don't smoke
nem köszönöm, nem dohányzom
nem kuhsuhnuhm, nem dohanyzohm

do you come here often?
gyakran jön ide?
diokron yuhn ide?

Understanding

ingyenes ital
ruhatár
3000 ft éjfél után

free drink
cloakroom
3000 ft after midnight

Annánál van buli ma
there's a party at Anna's place

meghívhatom egy italra?
can I buy you a drink?

van cigarettája?
have you got a cigarette?

hazakísérhetem?
can I see you home?

akar táncolni?
do you want to dance?

kérhetek egy kis tüzet?
have you got a light?

találkozunk még?
can we meet up again?

TOURISM AND SIGHTSEEING

There are many tourist information offices in Budapest, open every day from 9am to 7 or 8pm. The central office (**Vigadó utca**) is open 24 hours a day. In Budapest and other major cities, tourist offices offer a range of free services: street maps, information on hotels and youth hostels, information on shows, trips, interesting sights, guided tours and events (wine tastings, festivals, sporting events etc). Several companies offer coach tours of the city, with commentary in various languages. Museums are open from 10am to 5 or 6pm, but are closed on Mondays. Admission is cheap but student discounts are usually only available on presentation of a Hungarian student card. A growing number of places accept the International Student Card.

The basics

ancient	régi *rehgi*
antique	antik *ontik*
area	környék *kuhrn-yehk*
castle	vár *var*
cathedral	katedrális *kotedralish*, székesegyház *sehkeshedihaz*
century	évszázad *ehvsazod*
church	templom *templohm*
exhibition	kiállítás *kial-leetash*
gallery	galéria *golehrio*
modern art	modern művészet *mohdern muuvehset*
mosque	mecset *mechet*
museum	múzeum *moozeum*
painting	festészet *feshtehset*
park	park *pork*
ruins	romok *rohmohk*

sculpture	szobrászat *sohbrasot*
statue	szobor *sohbohr*
street map	utcatérkép *ootsotehrkehp*
synagogue	zsinagóga *zhinogohgo*
tour guide	idegenvezető *idegenvezetuh*
tourist	turista *toorishto*
tourist information centre	turista információs központ *toorishto infohrmatsiohsh kuhzpohnt*
town centre	városközpont *varohsh kuhzpohnt*

Expressing yourself

I'd like some information on …
szeretnék információt kérni...
seretnehk informatsioht kehrni...

can you tell me where the tourist information centre is?
meg tudja mondani, hol van a turista információs központ?
meg toodyo mohndoni, hohl von o toorishto infohrmatsiohsh kuhzpohnt?

do you have a street map of the town?
van egy utcatérképe a városról?
von edi ootsotehrkehpe o vahrohshrohl?

I was told there's an old abbey you can visit
azt mondták, van itt egy régi apátság, amit megér látogatni
ozt mohnd-tak, von itt edi rehgi apatsag, amit megehr latogotni

can you show me where it is on the map?
meg tudja mutatni, hol van a térképen?
meg toodyo moototni, hol von o tehrkehpen?

how do you get there?
hogy jutok el oda?
hodi yootok el oda?

is it free?
ingyenes?
indienesh?

when was it built?
mikor épült?
mikor ehpuult?

where is the ticket office?
hol van a jegyiroda?
hohl von o yedi-irohdo?

does the guide speak English?
beszél angolul a vezető?
besehl ongohlool o vezetuh?

TOURISM, SIGHTSEEING

Understanding

betörés, benyomulás	invasion
felújítás	renovation
gótikus	Gothic
háború	war
ingyenes belépő	admission free
irányított túra	guided tour
itt van	you are here *(on a map)*
középkori	medieval
nyitva	open
régi város	old town
restauráció	restoration work
római	Roman
zárva	closed

meg kell érdeklődnie, mikor odaér
you'll have to ask when you get there

a következő irányított túra kettőkor kezdődik
the next guided tour starts at 2 o'clock

MUSEUMS, EXHIBITIONS AND MONUMENTS

Expressing yourself

I've heard there's a very good ... exhibition on at the moment
úgy hallom, van egy nagyon jó ... kiállítás jelenleg
oodi hollohm, von edi nodiohn joh ... kial-leetash yelenleg

how much is it to get in?
mennyibe kerül bejutni?
men-nyibe keruul beyootni?

is this ticket valid for the exhibition as well?
ez a jegy érvényes a kiállításra is?
ez o yedi ehrvehnyesh o kial-leetashro is

are there any discounts for young people?
van árkedvezmény fiataloknak/gyerekeknek?
von arkedvezmehny fiotolohknok/dierekeknek?

TOURISM, SIGHTSEEING

69

is it open on Sundays?
nyitva van vasárnap?
nyitvo von vosarnop?

I have a student card
van diákkártyám
von diak-kahrtyahm

two concessions and one full price, please
két kedvezményes és egy teljesárú jegyet kérek
keht kedvezmehnyesh ehsh edi telyesharoo yediet kehrek

Understanding

állandó kiállítás	permanent exhibition
csendet kérünk	silence, please
ebbe az irányba	this way
érinteni tilos	please do not touch
fényképezés tilos	no photography
hangkalauz	audioguide
ideiglenes kiállítás	temporary exhibition
jegyiroda	ticket office
villanófény tilos	no flash photography

belépés a múzeumba ... forintba kerül
admission to the museum costs …

ez a jegy a kiállításra is szól
this ticket also allows you access to the exhibition

van diákkártyája?
do you have your student card?

GIVING YOUR IMPRESSIONS

Expressing yourself

it's beautiful
gyönyörű
diuhnyuhruu

it was beautiful
csodálatos volt
chohdalotohsh vohlt

it's fantastic
fantasztikus
fontostikoosh

it was fantastic
fantasztikus volt
fontostikoosh vohlt

I really enjoyed it
igazán élveztem
igozan ehlveztem

I didn't like it that much
nem tetszett annyira
nem tetsett on-nyiro

it was a bit boring
kissé unalmas volt
kish-sheh oonolmosh vohlt

it's very touristy
nagyon turistaorientált
nodion toorishto-ohrientalt

I'm not really a fan of modern art
nem igazán kedvelem a modern művészetet
nem igozan kedvelem o mohdern muuvehsetet

it's expensive for what it is
túl sokba kerül azért, ami
tool shohkbo keruul ozehrt, omi

it was really crowded
rém sokan voltak. nagy volt a tömeg
rehm shohkon vohltak. nodi vohlt o tuhmeg

we didn't go in the end, the queue was too long
végül nem mentünk el, túl hosszú volt a sor
vehguul nem mentuunk el, tool hohs-soo volt o shohr

we didn't have time to see everything
nem volt időnk mindent megnézni
nem vohlt iduhnk mindent megnehzni

Understanding

festői	picturesque
hagyományos	traditional
híres	famous
tipikus	typical

igazán el kell mennie megnézni...
you really must go and see …

ajánlom, hogy menjen el...
I recommend going to …

kissé túl turistaorientált
it's become a bit too touristy

csodálatos a kilátás az egész városra
there's a wonderful view over the whole city

a partvidék teljesen el van rontva
the coast has been completely ruined

The most popular sports in Hungary are football and swimming (there are numerous public swimming pools). Budapest's **Ferencváros** and **Újpest** are the most popular football teams, with fierce rivalry between fans. Another very popular sport is skiing, although it has been many years since the highest points in Hungary (the **Mátra**) have seen snow. Most Hungarians will travel to the Alps in neighbouring Slovenia or the Tatras in Slovakia to ski. Various marathons and other races are held in Budapest; information is available from tourist offices. The hills around Budapest provide an ideal setting for long walks and offer stunning views of the city. When there is snow, the hills around Budapest can be full of children on sleds and cross-country skiers. Hungarians are also big chess fans.

The basics

ball	labda *lobdo*
basketball	kosárlabda *kohsharlobdo*
board game	társasjáték *tarshoshyahtehk*
cards	kártya *kartyo*
chess	sakk *shokk*
cross-country skiing	sífutás *sheefutash*
cycling	kerékpározás *kerehkparozash*
downhill skiing	sízés *sheezehsh*
football	fotball *fohtboll*
hiking path	hegyiút *hedi-ioot*
match	meccs *mech*
mountain biking	hegyi kerékpározás *hedi-i kerehkparozash*
pool	(game) biliárd *biliard*; (swimming pool) úszómedence *ooso-medentse*
rugby	rögbi *ruhgbi*
ski	sízés *sheezehsh*
snowboarding	snowboard *snohbohrd*
sport	sport *shpohrt*
swimming	úszás *oosahsh*

table football	fuszball *foosboll*
tennis	tenisz *tenis*
trip	utazás *ootozash*
to go hiking	túrázni *toorazni*
to have a game of ...	... játszik ... *yatsik*
to play	játszik *yatsik*

Expressing yourself

I'd like to hire ... for an hour
szeretnék bérelni ... egy órára
seretnehk behrelni ... edi ohraro

can I book a session?
kaphatok egy órát?
kophotohk edi ohrat?

are there ... lessons available?
van itt ... óra?
von itt ... ohro?

do you have a timetable?
van órarendjük?
von ohrorendyuuk?

how much is it per person per hour?
mennyibe kerül óránként egy személyre?
men-yibe keruul ohrankehnt edi semehyre?

I'm not very sporty
nem vagyok sportos
nem vodiohk shpohrtohsh

I've never done it before
soha nem próbáltam még
shoho nem prohbaltom mehg

I've done it once or twice, a long time ago
próbáltam egyszer-kétszer, régen
prohbaltom ediser-kehtser, rehgen

I'm exhausted!
ki vagyok merülve!
ki vodiohk meruulve!

I'd like to go and watch a football match
el szeretnék menni megnézni a futballmeccset
el seretnehk men-ni megnehzni o footbolmechet

Understanding

kiadó   for hire

van már gyakorlata, vagy kezdő?
do you have any experience, or are you a complete beginner?

73

van egy ... forintos letét
there is a deposit of … forints

a biztosítás kötelező és ...-ba, -be kerül
insurance is compulsory and costs …

HIKING

are there any hiking paths around here?
vannak erre hegyiutak?
vonnok er-re hedi-iootok

can you recommend any good walks in the area?
tud ajánlani jó sétautakat a közelben?
tood oyahnloni joh sehto-ootokot o kuhzelben?

I've heard there's a nice walk by the lake
úgy hallom, a tó mellett nagyon jót lehet sétálni
oodi hollohm, o toh mel-lett nodiohn joht lehet sehtalni

we're looking for a short walk somewhere round here
szeretnénk egy rövid sétára menni a közelben
seretnehnk edi ruhvid sehtaro menni o kuhzelben

can I hire hiking boots?
bérelhetek túracipőt?
behrelhetek tooro tsipuht?

how long does the hike take?
milyen hosszú a hegymászás?
miyen hohs-soo o hedi-masash?

is it very steep?
nagyon meredek?
nodiohn meredek?

do you have a map?
van térképe?
von tehrkehpe?

where's the start of the path?
hol kezdődik az ösvény?
hohl kezduhdik oz uhshvehny?

SPORTS AND GAMES

is the path waymarked?
jelölve van az ösvény?
yeluhlve von oz uhshvehny

is it a circular path?
körkörös az ösvény?
kuhrkuhruhs oz uhshvehny?

átlagos időtartam   average duration *(of walk)*

kb. három órás séta, a pihenőket beleszámolva
it's about a three-hour walk including rest stops

hozzon vízálló kabátot és sétálócipőt
bring a waterproof jacket and some walking shoes

SKIING AND SNOWBOARDING

Expressing yourself

I'd like to hire skis/a snowboard
szeretnék bérelni egy pár sílécet/snowboard-ot
seretnehk behrelni edi par sheelehtset/snohbohrd-oht

they're too big/small
túl nagy/kicsi
tool nodi/kichi

the snow is very slippery
nagyon csúszik a hó
nodiohn choosik o hoh

the piste is too steep
nagyon meredek a hegy
nodiohn meredek o hedi

this is the bunny hill
ez a kezdők hegye
ez o kezduhk hedie

a day pass
napijegy
nopiyedi

I'm a complete beginner
teljes kezdő vagyok
tel-yes kezduh vodiohk

Understanding

libegő   ski lift
sífelvonó   chair lift
sífelvonóbérlet   lift pass

SPORTS AND GAMES

75

OTHER SPORTS

Expressing yourself

where can we hire bikes?
hol tudunk kerékpárat bérelni?
hohl toodunk kerehkparot behrelni?

are there any cycle paths?
van erre kerékpárösvény?
von er-re kerehkparuhshveny?

where can we play football/tennis/pool?
hol tudunk fotballt/teniszt/biliárdot játszani?
hol toodoonk fohtbollt/tenist/biliardoht yatsoni?

which team do you support?
melyik csapatot támogatja?
meyik csopotoht tamohgotyo?

I support ...
én a ... csapatot támogatom
ehn o ... chopotoht tamohgotohm

is there an open-air swimming pool?
van nyitott medencéjük?
von nyitohtt medentsehyuuk?

can we hire rackets?
tudunk teniszütőt bérelni?
toodoonk tenisuutuht behrelni?

where are the showers/changing rooms?
hol van a zuhanyzó/öltöző?
hohl von o zuhonyzoh/uhltuhzuh?

Understanding

van egy közteniszpálya nem messze a megállótól
there's a public tennis court not far from the station

a teniszpálya foglalt
the tennis court's occupied

ez az első alkalom lóháton?
is this the first time you've been horse-riding?

tud úszni?
can you swim?

kosárlabdázik?
do you play basketball?

szüksége lesz egy kulcsra a szekrényhez
you'll need a key for the lockers

INDOOR GAMES

Expressing yourself

shall we have a game of cards/chess?
kártyázzunk/Sakkozzunk egyet?
kartyaz-zunk/sokkohz-zunk ediet

does anyone know any good card games?
tud valaki egy jó kártyajátékot?
tood voloki edi joh kartyojahtehkoht?

is anyone up for a game of Risk®?
akar valaki rizikózni?
okor voloki rizikohzni?

it's your turn
a te sorod
o te shohrohd

Understanding

tud sakkozni?
do you know how to play chess?

biliárdozzunk egyet?
shall we have a game of pool?

van egy csomag kártyája?
do you have a pack of cards?

Some informal expressions

megpusztulok a fáradtságtól *megpoostoolohk o farodtshagtohl*
I'll die of exhaustion
szomjan halok *sohmyon holohk* I'll die of thirst
jól elvert! *johl elvert* I got thrashed
óriási volt! *ohriashi vohlt* that was fun!

The many medium-sized supermarkets (**Plus**, **Smatch**, **CBA**, **Rotschild**) are open weekdays from 7 or 8am to 7 or 8pm and Saturdays until 1 or 2pm. Several big western supermarket chains such as Tesco have branches on the outskirts of Budapest, but you generally need a car to get to them. The big shopping centres (**Mammuth**, **Westend**) are open weekdays from 6am to 9pm, with reduced hours at weekends. You can buy all the basics from local shops (**ABC**, **Élelmiszer**) and 24-hour grocery stores. Markets are good places to buy fresh, seasonal fruit and vegetables: they are held from 6am to 3 or 4pm in the week, and until 1 or 2pm on Saturdays.

Public holidays (Christmas, Easter, New Year and various national holidays) are generally observed and shops can stay closed for several days at a time (opening hours are posted in advance).

Note that it is not the custom to haggle in Hungary.

Cigarettes can be bought at supermarket checkouts or from a **trafik** shop (newsagent and tobacconist). It is illegal for minors to buy cigarettes and cashiers frequently ask for ID.

The basics

bakery	pék *pehk*
butcher's	hentes *hentesh*
cash desk	pénztár *pehnztar*
cheap	olcsó *ohlchoh*
checkout	kassza *kos-so*
clothes	ruhák *roohak*
department store	áruház *aroozaz*
expensive	drága *drago*
gram	gramm *gromm*
greengrocer's	zöldségüzlet *zuhldshehguuzlet*
kilo	kilogramm *kilohgromm*

present	ajándék *ojandehk*
price	ár *ar*
receipt	számla *samlo*
refund	visszafizetés *vissofizetehsh*
sales	eladás *elodash*
sales assistant	eladó *elodoh*
shop	üzlet *uuzlet*
shopping centre	bevásárlóközpont *bevasharlohkuhzpohnt*
souvenir	szuvenir *soovenir*
supermarket	szupermarket *supermorket*
to buy	vásárol *vasharol*
to cost	pénzbe kerül *penzbe keruul*
to pay	fizet *fizet*
to sell	elad *elod*

Expressing yourself

is there a supermarket near here?
van egy szupermarket a közelben?
von edi soopermorket o kuhzelben?

where can I buy cigarettes?
hol vásárolhatok cigarettát?
hohl vasharolhatok tsigoret-tat?

I'd like ...
szeretnék...
seretnehk...

I'm looking for ...
keresek...
kereshek...

do you sell ...?
árulnak...?
aroolnok...?

do you know where I might find some ...?
tudja, hol találok... ?
toodjo, hohl tolalok...?

can you order it for me?
meg tudná rendelni nekem?
meg toodna rendelni nekem?

how much is this?
mennyibe kerül?
men-nyibe keruul?

I'll take it
megveszem
megvesem

I haven't got much money
nincs sok pénzem
ninch shohk pehnzem

I haven't got enough money
nincs elég pénzem
ninch elehg pehnzem

that's everything, thanks
ez minden, köszönöm
ez minden, kuhsuhnuhm

can I have a (plastic) bag?
kaphatok egy zacskót?
kophotok edi zochkoht?

I think you've made a mistake with my change
azt hiszem, rosszul adott vissza
ozt hisem, rohs-sool odohtt vis-so

Understanding

nyitva -tól, -től ... -ig   open from ... to ...
külön ajánlat   special offer
leárazás   sales

kér egyebet?   kér egy zacskót?
will there be anything else?   would you like a bag?

PAYING

Expressing yourself

where do I pay?
hol fizetek?
hohl fizetek?

can I pay by credit card?
fizethetek kreditkártyával?
fizethetek kredit-kartyavol?

could you write it down for me, please?
leírná nekem, kérem?
le-eernah nekem, kehrem?

I'll pay in cash
készpénzzel fizetek
kehs-pehnz-zel fizetek

I'm sorry, I haven't got any change
sajnálom, nincs apróm
soynalom, ninch oprohm

can I have a receipt?
kaphatok egy nyugtát?
kophotohk edi nyugtat

Understanding

kassza

please pay here

hogy szeretne fizetni?
how would you like to pay?

van aprója?
do you have anything smaller?

van személyazonosítója?
have you got any ID?

itt írja alá, kérem!
could you sign here, please?

FOOD

Expressing yourself

where can I buy food around here?
hol vásárolhatok ételt a közelben?
hohl vasharolhotohk ehtelt o kuhzelben?

is there a market?
van itt piac?
von itt pioc?

is there a bakery around here?
van itt egy pékség?
von itt edi pehkshehg?

I'd like five slices of bacon
öt szelet szalonnát kérek
uht selet solohn-nat kehrek

I'd like some of that cottage cheese
kérek egy kis túrót
kehrek edi kis tooroht

it's for four people
négy emberre szól
nedi ember-re sohl

about 300 grams
kb. 300 gramm
kabeh haromsaz gromm

SHOPPING

a kilo of apples, please
egy kiló almát kérek
edi kiloh olmat kehrek

a bit less/more
kicsivel kevesebbet/többet
kichivel keveshebbet/tuhbbet

can I taste it?
megkóstolhatom?
megkohshtohlhotohm?

does it travel well?
eltart?
eltort?

Understanding

csemegebolt	delicatessen
házi	homemade
helyi különlegességek	local specialities
lejárati idő…	best before …
organikus	organic

minden nap van piac déli egyig
there's a market every day until 1pm

van egy zöldséges a sarkon, amelyik későig van nyitva
there's a grocer's just on the corner that's open late

CLOTHES

Expressing yourself

I'm looking for the menswear section
a férfirészleget keresem
o fehrfirehsleget kereshem

no thanks, I'm just looking
nem, köszönöm, csak nézelődöm
nem, kuhsuhnuhm, chok nehzeluhduhm

can I try it on?
felpróbálhatom?
felprohbalhotohm

I'd like to try the one in the window
fel szeretném próbálni azt a darabot a kirakatban
fel seretnehm prohbalni ozt o doroboht o kirokotbon

I take a size 39 *(in shoes)*
a cipőszámom 39es
o tsipuhsamom hormints kilentsesh

where are the changing rooms?
hol van az öltöző?
hohl von oz uhltuhzuh

it doesn't fit
nem talál
nem tolal

it's too big/small
túl nagy/kicsi
tool nodi/kichi

do you have it in another colour?
van más színben is?
von mash seenben ish?

do you have it in a smaller/bigger size?
van kisebb/nagyobb méretben is?
von kishebb/nodiohbb mehretben ish?

do you have them in red?
van pirosban is?
von pirohshbon is?

yes, that's fine, I'll take them
igen, az jó, megveszem
igen, oz joh, megvesem

no, I don't like it
nem tetszik
nem tetsik

I'll think about it
meggondolom
meg-gondolom

I'd like to return this, it doesn't fit
ezt a cikket vissza szeretném adni, nem talál
ezt o tsik-ket vis-so seretnehm odni, nem tolahl

this has a hole in it, can I get a refund?
ez lyukas, visszacserélhetem?
ez yookosh, vis-socherehlhetem?

Understanding

fehérnemű	lingerie
férfirészleg	menswear
gyermekrészleg	children's clothes
leárazott darabokat nem cserélünk vissza	sale items cannot be returned
női részleg	ladieswear

öltöző	changing rooms
vasárnap nyitva	open Sunday

jó napot, segíthetek?
hello, can I help you?

csak kékben vagy feketében van
we only have it in blue or black

nem maradt több abban a méretben
we don't have any left in that size

jól áll	**talál**
it suits you	it's a good fit

visszahozhatja, ha nem talál.
you can bring it back if it doesn't fit

SOUVENIRS AND PRESENTS

Expressing yourself

I'm looking for a present to take home
ajándékot keresek az otthoniaknak
oyandehkoht kereshek oz ohtthohnioknok

do you have anything made locally?
van helyi termékük?
von heyi termehkuuk?

I'd like something that's easy to transport
valami olyasmit szeretnék, ami könnyen szállítható
volomi ohlyoshmit seretnehk omi kon-yen sal-leethotoh

it's for a little girl of four
egy négyéves kislánynak van
edi nedi-ehvesh kishlanynok von

could you gift-wrap it for me?
be tudná csomagolni nekem?
be toodna chohmogohlni nekem

Understanding

fa/ezüst/arany/gyapott	made of wood/silver/gold/wool
kézi gyártmány	handmade
hagyományos készítésű	traditionally made product

mennyit akar költeni?
how much do you want to spend?

ajándéknak szánja?	**helyi készítésű**
is it for a present?	it's typical of the region

Some informal expressions

rém drága *rehm drago* nightmarishly expensive
olcsó mulatság *ohlchoh moolotshag* cheap entertainment
kitolás *k itohlash* a rip-off
oda van a vásárlásért *o hdo von o vasarlashehrt* mad about shopping

---

Photography shops, big supermarkets and some chemists sell and develop films. Prices are similar to those in the UK. To get your digital photos printed you will probably have to go to a specialist photography shop, however, as most of the other places only deal with developing film. You can select options in most shops for different sizes of photo, whether you want them on a CD or not, and so on.

The basics

black and white	fekete fehér *fekete fehehr*
camera	fényképezőgép *fehny-kehpezuhgehp*
colour	szín *szeen*
CD	CD *tsehdeh*, lemez *lemez*
copy	másolat *mashohlot*
digital camera	digitális fényképezőgép *digitalish fehny-kehpezuhgehp*
disposable camera	eldobható fényképezőgép *eldohbhotoh fehny-kehpezuhgehp*
exposure	expozíció *expohzeetsioh*, megvilágítás *megvilageetash*
film	film *film*
flash	vaku *vokoo*
glossy	fényes *fehnyesh*
matte	matt *mott*
memory card	memória kártya *memohrio kartyo*
negative	negatív *negoteev*
passport photo	útlevél fénykép *ootlevehl fehnykehp*
photo booth	fényképező fülke *fehnykehpezuh fuulke*
reprint	utánnyomás *ootan-nyomash*
slide	dia *dio*
to get photos developed	fényképeket kidolgozni *fehnykehpeket kidohlgohzni*
to take a photo/photos	fényképezni *fehnykehpezni*

Expressing yourself

could you take a photo of us, please?
lenne szíves egy képet rólunk?
lenne seevesh edi kehpet rohloonk?

you just have to press this button
csak meg kell nyomni ezt a gombot
chok meg kell nyohmni ezt o gohmboht

I'd like a 200 ASA colour film
szeretnék egy kétszázas színes tekercset
seretnehk edi kehtsazosh seenesh tekerchet

do you have black and white films?
van feketefehér fillmjük?
von feketefehehr filmyuuk?

how much is it to develop a film of 36 photos?
mennyibe kerül kidolgozni ezt a tekercs harminchat képet?
mennyibe keruul kidohlgohzni ezt o tekerch horminchot kehpet?

I'd like to have this film developed
szeretném ezt a filmet kidolgozni
seretnehm ezt o filmet kidohlgohzni

I'd like extra copies of some of the photos
szeretnék több másolatot néhány képből
seretnehk tuhb mahshohlotoht neh-hahny kehpbuhl

three copies of this one and two of this one
szeretnék három másolatot ebből és kettőt ebből
seretnehk hahrohm mahshohlotoht ebbuhl ehsh kettuht ebbuhl

can I print my digital photos here?
itt kidolgozzák a digitális képeket?
itt kidohlgohzzahk o digitalis kehpeket

can you put these photos on a CD for me?
fel tudják tenni ezeket a képeket egy CD-re nekem?
fel toodyahk tenni ezeket o kehpeket edi tsehdehre nekem?

I've come to pick up my photos
jöttem felvenni a képeimet
yuhttem felvenni o kehpeimet

I've got a problem with my camera
van egy problémám a fényképezőgépemmel
von edi prohblehmam o fehnykehpezuhgehpemmel

I don't know what it is
nem tudom mi lehet
nem toodohm mi lehet

the flash doesn't work
nem működik a vaku
nem muukuhdik o voku

Understanding

alaptípus	standard format
gyorskiszolgálás	express service
képek CD-re	photos on CD
képkidolgozás egy óra alatt!	one-hour service

talán kimerült az elem
maybe the battery's dead

van egy gépünk a digitális képek kidolgozására
we have a machine for printing digital photos

milyen névre, kérem?
what's the name, please?

mikorra szeretné őket?
when do you want them for?

egy óra alatt ki tudjuk dolgozni
we can develop them in an hour

a képek csütörtökön délben lesznek készek
your photos will be ready on Thursday at noon

BANKS

There are plenty of cashpoints in towns, and credit cards are increasingly accepted in shops. Be careful as most shops don't use a PIN code system.

Banks are open weekdays from 8.30 or 9am to 3 or 4pm (closing at 2 on Fridays). They are closed at weekends.

The currency in Hungary is called the forint. The best place to exchange money is in small change booths located in all major cities in many places, as they do not charge commission. It is worth checking out a few and then shopping around for the best price, as they are very competitive and frequently alter prices during the day to attract more customers! It is not advisable to exchange money with banks and other financial institutions as they charge commission. It is definitely not advisable to exchange money with private entrepeneurs on the street as it is common for tourists to be cheated in this way.

Some informal expressions

pénz *pehnz* 1000 forints
rongy *rohndi* 100 forints (literally: "rag")
rugó *roogoh* used to mean 100 forints (literally: "kicker")
lóvé *lohveh* money
zsozsó *zhohzhoh* money

The basics

bank	bank *bonk*
bank account	bankszámla *bonksamlo*
banknote	papírpénz *popeerpehnz*
bureau de change	váltóiroda *valtohirohdo*
cashpoint	bankautomata *bonk a-ootohmoto*

change	aprópénz *oprohpehnz*
cheque	csekk *chekk*
coin	pénzérme *pehnzehrme*
commission	százalék *sazolehk*
credit card	hitelkártya *hitelkartyoh*
PIN (number)	pinkód *pinkohd*
transfer	átutalás *atootolash*
Travellers Cheques®	utazási csekk *ootozashi chekk*
withdrawal	kivétel *kivehtel*
to change	váltani *valtoni*
to transfer	átutalni *atootolni*
to withdraw	kivonni *kivohnni*

Expressing yourself

where I can get some money changed?
hol válthatok pénzt?
hohl valthotohk pehnzt?

are banks open on Saturdays?
a bank nyitva van szombaton?
o bonk nyitvo von sohmbotohn?

I'm looking for a cashpoint
bankautomatát keresek
bonk a-ootohmotat kereshek

I'd like to change £100
be szeretnék váltani száz fontot
be seretnehk valtoni saz fohntoht

what commission do you charge?
mennyi százalékot vesznek le?
mennyi sazolehkot vesnek le?

I'd like to transfer some money
pénzt szeretnék utalni
pehnzt seretnehk ootolni

I'd like to report the loss of my credit card
be szeretném jelenteni a hitelkártyám elvesztését
be seretnehm jelenteni o hitelkartyam elvestehseht

the cashpoint has swallowed my card
az automata elnyelte a kártyámat
oz a-ootohmotoh elnyelte o kartyamot

Understanding

kérem helyezze be a kártyáját
please insert your card

kérem üsse be a pinkódját
please enter your PIN number

kérem válasszon összeget
please select amount for withdrawal

kivonat számlával
withdrawal with receipt

kivonat számla nélkül
withdrawal without receipt

kérem válassza ki a kért összeget
please select the amount you require

nem működik
out of service

BANKS

POST OFFICES

Post boxes are red and show the date and time of the next collection. The same box can be used for all mail. There is a lever to pull out to make the opening bigger for large packages.

Stamps are sold at post offices, which are open from 8am to 4pm during the week and are often closed on Saturdays. Some, however, are open as late as 8pm. In Budapest, the central post office next to the Western Station (**Nyugati pályaudvar**) is open the longest – on some days until 10pm and even on Sundays.

Hungarians pay all their bills at the post office on yellow slips called **csekk**. Post offices are often very busy at lunchtimes and in the afternoons when people are running errands after work. If you need to send anything valuable to Hungary, it is always a good idea to use registered mail or even to avoid the postal service and use a courier.

The basics

airmail	légiposta *lehgipohsto*
envelope	boríték *bohreetehk*
letter	levél *levehl*
mail	posta *pohsto*
parcel	csomag *chohmog*
post	posta *pohsto*
postbox	postaláda *pohstolahdo*
postcard	képeslap *kehpeslop*
postcode	irányítószám *irahnyeetohsahm*
post office	posta *pohsto*
stamp	bélyeg *behyeg*
to post	feladni *felodni*
to send	küldeni *kuuldeni*
to write	írni *eerni*

Expressing yourself

is there a post office around here?
van erre egy posta?
von erre edi pohsto?

is there a postbox near here?
van erre egy postaláda?
von erre edi pohstolodo?

is the post office open on Saturdays?
nyitva van a posta szombaton?
nyitvo von o pohsto sohmbotohn?

what time does the post office close?
mikor zár a posta?
mikohr zar o pohsto?

do you sell stamps?
árulnak bélyeget?
arulnok behyeget?

I'd like ... stamps for the UK, please
szeretnék bélyeget az Egyesült Királyságba, legyen szíves
seretnehk behyeget oz ediesuult kirayshagbo, ledien seevesh

how long will it take to arrive?
mennyi időbe telik, míg odaér?
men-nyi iduhbe telik, meeg ohdaehr?

where can I buy envelopes?
hol vehetek borítékot?
hohl vehetek bohreetehkoht?

Understanding

első gyűjtés	first collection
feladó	sender
óvatosan!	handle with care
törékeny!	fragile
utolsó gyűjtés	last collection

háromtól öt napig fog tartani
it'll take between three and five days

INTERNET CAFÉS AND E-MAIL

There are Internet cafés throughout Hungary, even in small towns. Both Hungarian and English keyboards will be available. Hungarians are keen e-mailers and will often be happy to swap addresses with you.

The basics

at sign	kukac *kook*ots
e-mail address	e-mail cím *i-mehl tseem*
Internet café	internet kávézó *internet kavehzoh*
key	billentyű *bil-lentyuu*
keyboard	billentyűzet *bil-lentyuuzet*
to copy	másolni *mashohl*
to cut	vágni *vagni*
to delete	törölni *tuhruhlni*
to download	letölteni *letuhlteni*
to e-mail someone	valakinek e-mail-t írni *volokinek i-mehlt eerni*
to e-mail	e-mail-ezni *i-mehlezni*
to paste	bemásolni *bemahsholni*
to receive	fogadni *fohgodni*, kapni *kopni*
to save	elmenteni *elmenteni*
to send an e-mail	e-mail-t küldeni *i-mehlt kuuldeni*

Expressing yourself

is there an Internet café near here?
van internetkávézó a közelben?
von internetkavehzoh o kuhzelben?

do you have an e-mail address?
van e-mail címed?
von i-mehl tseemed?

how do I get online?
hogyan lépek fel az internetre?
hohdion lehpek fel oz internetre?

when do I pay?
mikor fizetek?
meekor fizetek?

I'd just like to check my e-mails
csak meg szeretném nézni az e-mail-jeimet
chok megszeretnehm nehzni oz i-mehl yeimet

would you mind helping me, I'm not sure what to do
lenne szíves segíteni, nem tudom, mit tegyek
lenne seevesh shegeeteni, nem tudohm, mit tediek

I can't find the at sign on this keyboard
nem találom a kukacot ezen a billentyűzeten
nem tolalohm o kookotsot ezen o bill-entyuuzeten

it's not working
nem működik
nem muukuhdik

there's something wrong with the computer, it's frozen
valami gond van a géppel, le van fagyva
volomi gohnd von o gehp-pel, le von fodivo

how much will it be for half an hour?
mennyibe kerül egy félóra?
menn-yeebe keruhl edi fehlohro?

Understanding

kimenő levelek	outbox
postaláda	inbox

kérem várjon 20 percet
you'll have to wait for 20 minutes or so

csak kérdezzen, ha nem biztos valamiben
just ask if you're not sure what to do

írja be ezt a jelszót, hogy be tudjon lépni
just enter this password to log on

attól tartok, lejárt az ideje
I'm afraid your time has run out

TELEPHONE

Card-operated phones can be found in the street (phone boxes are red or green) and in some cafés. You can buy phonecards in post offices and at newspaper kiosks. There are still a few coin-operated payphones, but they are often not very reliable.

Phone numbers within Hungary start with 06. To call Hungary from abroad, dial 00 36, omit the 06 and continue with the rest of the number. When calling Budapest from abroad or from another part of Hungary, you need to insert a 1 before the seven-digit phone number.

To call the UK from Hungary, dial 00 44 followed by the area code (minus the first 0) and phone number. The dialling code for Ireland is 00 353; for the US and Canada it is 00 1. Phone numbers are read out one digit at a time.

Most people in Hungary have mobile phones nowadays. The large carriers that operate throughout Europe will sell you a local SIM card, but you can just as easily use your own mobile (at higher prices of course) on the Hungarian networks. To buy a SIM card or a mobile phone in Hungary, you will need to show a passport or identity card – and if you want to receive a bill rather than buying top-up cards you will also need to show proof of residence (such as an electricity bill or phone bill etc).

The basics

answering machine	üzenetrögzítő *uuzenetruhgzeetuh*
call	hívás *heevash*
directory enquiries	tudakozó *toodokohzoh*
hello	halló *holloh*
international call	nemzetközi hívás *nemzetkuhzi heevash*
local call	helyi hívás *heyi heevash*
message	üzenet *uuzenet*
mobile	mobil *mohbil*
national call	nemzeti hívás *nemzeti heevash*

phone	telefon *telefohn*
phone book	telefonkönyv *telefohnkuhnyv*
phone box	telefonfülke *telefohnfuulke*
phone call	telefonhívás *telefohnheevash*
phone number	telefonszám *telefohnsahm*
phonecard	telefonkártya *telefohnkartyo*
ringtone	csengetés *chengetehsh*
top-up card	feltöltőkártya *feltuhltuhkartyo*
Yellow Pages ®	Arany Oldalak *orony ohldolok*
to call someone	hív valakit *heev volokit*

Expressing yourself

where can I buy a phonecard?
hol vásárolhatok egy telefonkártyát?
hohl vasarohlhotohk edi telefonkartyat

a …-forint top-up card, please
egy … forintos feltöltőkártyát kérek
edi … fohrintohsh feltuhltuhkartyat kehrek

I'd like to make a reverse-charge call
egy r-beszélgetést szeretnék kérni
edi r-besehlgetehsht seretnehk kehrni

is there a phone box near here, please?
van telefonfülke a közelben?
von telefonfuulke o kuhzelben?

can I plug my phone in here to recharge it?
feltölthetem itt a telefonomat?
feltuhlthetem itt o telefohnohmot?

do you have a mobile number?
van mobilszáma?
von mohbilsamo?

where can I contact you?
hol érhetem el?
hohl ehrhetem el?

TELEPHONE

did you get my message?
megkapta az üzenetemet?
megkopto oz uuzenetemet?

Understanding

a hívott szám nem felismerhető
the number you have dialled has not been recognized

kérem nyomja meg a csillag/kereszt gombot
please press the star/hash key

MAKING A CALL

Expressing yourself

hello, this is David Brown (speaking)
halló, itt David Brown beszél
holloh, itt david brohn besehl

hello, could I speak to..., please?
halló, beszélhetek ... -val, -vel kérem?
holloh, besehlhetek ...-val, -vel kehrem?

hello, is that Mária?	**do you speak English?**
halló, Mária?	beszél angolul?
holloh, Mario?	*besehl ongohlool*

could you speak more slowly, please?
lassabban mondja, kérem!
losh-shobbon mohndyo kehrem!

I can't hear you, could you speak up, please?
nem hallom, kérem mondja hangosabban
nem hollom, kehrem mohndyo hongohshobbon

could you tell him/her I called?
meg tudná mondani neki, hogy telefonáltam?
meg toodnah mohndoni neki, hohdi telefohnaltom?

could you ask him/her to call me back?
meg tudná kérni, hogy hívjon vissza?
meg toodna kehrni, hohdi heevyohn vis-so?

I'll call back later
visszahívom később
vis-soheevohm kehsuhbb

my name is … and my number is …
a nevem... és a számom...
o nevem... ehsh o sahmohm...

do you know when he/she might be available?
tudja, mikor lesz elérhető?
toodjo, mikohr les elehrhetuh?

thank you, goodbye
köszönöm, viszlát
kuhsuhnuhm, vislat

Understanding

ki keresi? ki hív?
who's calling?

téves kapcsolás
you've got the wrong number

nincs itt jelenleg
he's/she's not here at the moment

akar hagyni üzenetet?
do you want to leave a message?

megmondom neki, hogy telefonált
I'll tell him/her you called

megkérem, hogy hívja vissza Önt
I'll ask him/her to call you back

pillanat!
hold on!

átadom Önt
I'll just hand you over to him/her

PROBLEMS

Expressing yourself

I don't know the code
nem tudom a kódot/az előhívószámot
nem toodohm a kohdoht/oz eluhheevosahmoht

it's engaged
foglalt
fohglalt

there's no reply
nincs válasz
ninch valos

I couldn't get through
nem tudtam felhívni
nem toodtom felheevni

we're about to get cut off
mindjárt lejár a kártyám
mind-yart leyar o kartyam

I don't have much credit left on my phone
nincs sok a telefonomon
ninch shohk o telefohnohmohn

the reception's really bad
nagyon rossz a hívás
nodiohn rohs o heevash

I can't get a signal
nem tudok jelzést kapni
nem toodok jelzehsht kopni

Understanding

alig hallom, mit mond
I can hardly hear you

rossz a vonal
it's a bad line

Common abbreviations

munk. = munkahelyi szám work (number)
otth. = otthoni szám home (number)
mob. = mobilszám mobile (number)

TELEPHONE

Pharmacies are open from 8am to 7pm during the week. Most are closed at weekends, though a few open on Saturday mornings. Budapest has several 24-hour pharmacies, including one at Teréz körút 41 (next to the Western Station).

EU nationals should obtain an EHIC card prior to travel in order to claim back any medical expenses on returning home. If you are prescribed any medication, keep the receipts as you will need them to make a claim. You must first see a GP, who will refer you to a specialist if necessary.

In an emergency, dial 104 or the EU-wide emergency number 112. Alternatively, you can go straight to the nearest hospital's casualty department.

The basics

allergy	allergia *ollergio*
ambulance	mentőautó *mentuh o-ootoh*
aspirin	aszpirin *ospirin*, fájdalomcsillapító *faydolohmchillopeetoh*
blood	vér *vehr*
broken	törött *tuhruhtt*
casualty (department)	sürgősség *suurguhs-sehg*
chemist's	gyógyszertár *diohdisertar*
condom	óvszer *ohvser*
dentist	fogorvos *fohgohrvohsh*
diarrhoea	hasmenés *hoshmenehsh*
doctor	orvos *ohrvohsh*
food poisoning	ételmérgezés *ehtelmehrgezehsh*
GP	általános orvos *ahltolahnosh ohrvohsh*
gynaecologist	nőgyógyász *nuhdiohdias*
hospital	kórház *kohrhaz*
infection	fertőzés *fertuhzehsh*

medicine	gyógyszer *diohdiser*
operation	műtét *muuteht*
painkiller	fájdalomcsillapító *faydolohmchillopeetoh*
periods	periódus *periohdush*, menstruáció *menshtruatsioh*
plaster	sebtapasz *shebtoposz*
rash	kiütés *kiuutehsh*
spot	pötty *puhty*
sunburn	napszúrás *nopsoorash*
surgical spirit	sebészeti szesz *shebehseti ses*
tablet	tabletta *tobletto*
temperature	láz *lahz*
tests	tesztek *testek*
vaccination	oltás *oltash*
x-ray	röntgen *ruhngen*
to disinfect	fertőtlenít *fertuhtleneet*
to faint	elájul *elayool*
to vomit	hányik *hanyik*

Expressing yourself

does anyone have an aspirin/a tampon/a plaster, by any chance?
van valakinél aszpirin/tampon/sebtapasz véletlenül?
von volokinehl ospirin/tompohn/shebtopos vehletlenuul?

I need to see a doctor
orvoshoz kell mennem
ohrvohsh-hohz kell mennem

where can I find a doctor?
hol találok egy orvost?
hohl tolahlohk edi ohrvohsht?

I'd like to make an appointment for today
szeretnék rendelést mára
seretnehk rendelehsht maro

as soon as possible
amilyen gyorsan csak lehet
omiyen diohrshon chok lehet

no, it doesn't matter
nem, nem számít
nem, nem sameet

can you send an ambulance to ...
tudna egy mentőt küldeni...?
toodno edi mentuht kuuldeni...?

I've broken my glasses
eltörtem a szemüvegem
eltuhrtem o semuuvegem

I've lost a contact lens
elvesztettem egy kontaktlencsét
elvestettem edi kohntokt-lencheht

Understanding

orvosi rendelő
sürgősség
vény

doctor's surgery
casualty department
prescription

csütörtökig nem tudok rendelést adni
there are no available appointments until Thursday

péntek délután kettőkor megfelel?
is Friday at 2pm OK?

AT THE DOCTOR'S OR THE HOSPITAL

Expressing yourself

I have an appointment with Dr ...
rendelésem van Dr. ... -val/-vel
rendelehshem von dohktor ...-vol/-vel

I don't feel very well
nem érzem jól magam
nem ehrzem johl mogom

I feel very weak
nagyon gyenge vagyok
nodiohn dienge vodiohk

I don't know what it is
nem tudom, mi lehet
nem toodom, mi lehet

I've been bitten/stung by ...
megcsípett/megszúrt egy...
megcheepett/megsoort edi...

I've got a headache
fáj a fejem
fay o feyem

I've got toothache/stomachache
fáj a fogam/gyomrom
fay o fohgom/diohmrohm

I've got a sore throat
fáj a torkom
fay o tohrkohm

my back hurts
fáj a hátam
fay o hahtom

it hurts
fáj
fay

it hurts here
itt fáj
itt fay

I feel sick
rosszul érzem magam
rohs-sool ehrzem mogom

it's got worse
rosszabb lett
rohs-sobb lett

it's been three days
három napja már
harohm nopyo mar

it started last night
tegnap éjjel kezdődött
tegnop ehyel kezduhduhtt

it's never happened to me before
még soha nem fordult elő velem
mehg soho nem fordoolt eluh velem

I've got a temperature
lázam van
lazom von

I have asthma
asztmám van
ostmam von

I have a heart condition
szívbajom van
seevboyohm von

it itches
viszket
visket

I've been on antibiotics for a week and I'm not getting any better
egy hete szedem az antibiotikumot és még nem vagyok jobban
edi hete sedem oz ontibiohtikoomoht ehsh mehg nem vodiohk johbbon

I'm on the pill/the minipill
fogamzásgátlót szedek
fohgomzahshgahtloht sedek

I'm ... months pregnant
... hónapos állapotos vagyok
... hohnopohsh al-lopohtohsh vodiohk

I'm allergic to penicillin
allergiás vagyok a penicilinre
ollergiash vodiohk o penitsilinre

I've twisted my ankle
kificamítottam a bokámat
kifitsomeetoht-tom o bohkahmot

I fell and hurt my back
leestem és megütöttem a hátam
le-eshtem ehsh meguutuht-tem o hatom

I've had a blackout
elájultam
elayooltom

I've lost a filling
kiesett a tömés a fogamból
kieshett o tuhmehsh o fohgombohl

is it serious?
komoly?
kohmohy?

is it contagious?
fertőző?
fertuhzuh?

how is he/she?
hogy van?
hohdi von?

how much do I owe you?
mennyivel tartozom?
men-nyivel tortohzohm?

can I have a receipt so I can get the money refunded?
kaphatok egy nyugtát, hogy a pénzt vissza tudjam kérni?
kophotohk edi nyoogtat, hohdi o pehnzt vis-so toodjom kehrni?

Understanding

foglaljon helyet a várószobában
take a seat in the waiting room

hol fáj?
where does it hurt?

vegyen mély lélegzetet
take a deep breath

kérem feküdjön le
lie down, please

fáj, ha itt megnyomom?
does it hurt when I press here?

kapott oltást ... ellen?
have you been vaccinated against …?

allergiás ... –ra/-re?
are you allergic to …?

szed más gyógyszert?
are you taking any other medication?

írok egy vényt Önnek
I'm going to write you a prescription

fel kellene tisztulnia pár napon belül
it should clear up in a few days

gyorsan kellene gyógyulnia
it should heal quickly

meg kell műteni   **jöjjön vissza egy hét múlva**
you're going to need an operation   come back and see me in a week

AT THE CHEMIST'S

Expressing yourself

I'd like a box of plasters, please
kérek egy doboz sebtapaszt
kehrek edi dohbohz shebtopost

I need something for a cough/a bad cold/an insect bite
szükségem van gyógyszerre köhögés/hűlés/rovarcsípés ellen
suukshehgem von diohdiser-re kuh-huhgesh/huulehsh/rohvarcheepehsh ellen

I'm allergic to aspirin
allergiás vagyok az aszpirinre
ollergiash vodiohk oz ospirinre

I need the morning-after pill
szükségem van fogamzásgátlóra
suukshehgem von fohgomzashgatlohro

I'd like to try a homeopathic remedy
meg szeretném próbálni a homeopatikus módszert
meg seretnehm prohbalni o hohmeohpatikoosh mohdsert

I'd like a bottle of solution for soft contact lenses
kérek egy üveg oldatot lágy kontaktlencsére.
kehrek edi uuveg ohldotoht ladi kohntoktlenchehre

Understanding

alkalmaz   apply
csak vénnyel érvényes   available on prescription only
ellenjel, feltüntetés   contra-indications

kapszula	capsule
kenőcs	ointment
krém	cream
lehetséges mellékhatások	possible side effects
naponta háromszor, evés előtt bevenni	take three times a day before meals
por	powder
szirup	syrup
tabletta	tablet
végbél kúp	suppositories

Some informal expressions

ágyban fekvő *adibon fekvuh* to be stuck in bed
rosszul érzi magát *rohs-sool ehrzi mogat* to feel rough
mocsok egy hűlése van *mohchohk edi h uulehshe von* to have a stinking cold
pocsékul vagyok *pohchehkool vodiohk* I feel terrible
doki *dohki* doktor

HEALTH

PROBLEMS AND EMERGENCIES

To reach the police in an emergency, dial 107 or the EU-wide emergency number 112. Hungarian police wear grey or black uniforms. Aside from general law enforcement they also act as traffic police, controlling traffic, enforcing speed limits and reporting accidents. Police checks are common on the roads and there is a zero-tolerance policy on drink driving.

The basics

accident	baleset *boleshet*
ambulance	mentő *mentuh*
broken	törött *tuhruhtt*
coastguard	partőrség *portuhrshehg*
disabled	mozgássérült *mohzgash-shehruult*
emergency	szükségállapot *suukshehgal-lopot*
fire	tűz *tuuz*
fire brigade	tűzoltóság *tuuzohltohsag*
forest guard	erdőmentőszolgálat *erduhmentuhsolgalot*
hospital	kórház *kohrhaz*
ill	beteg *beteg*
injured	sebesült *sebesuult*
late	késő *kehshuh*
police	rendőrség *renduhrshehg*

Expressing yourself

can you help me?
tudna segíteni kérem?
toodno shegeeteni kehrem?

help!
segítség!
shegeetshehg!

fire!
tűz!
tuuz!

be careful!
óvatosan!
ohvotohshon!

it's an emergency!
vészhelyzet van!
vehs-heyzet von!

there's been an accident
baleset történt
boleshet tuhrtehnt

could I borrow your phone, please?
kölcsönkérhetem a telefonját kérem?
kuhlchuhnkehrhetem o telefonyat kehrem?

does anyone here speak English?
beszél itt valaki angolul?
besehl itt voloki ongohlool?

I need to contact the British consulate
kapcsolatba kell lépnem a brit konzulátussal
kopchohlotbo kell lehpnem o brit konzoolatooshol

where's the nearest police station?
hol van a legközelebbi rendőrség?
hohl von o legkuhzelebbi renduhrshehg?

what should I do?
mit tegyek?
mit tediek?

my passport/credit card has been stolen
ellopták az útlevelem/kreditkártyám
el-loptak oz ootlevelem/kreditkahrtyahm

my bag's been snatched
ellopták a táskámat
el-loptahk o tashkamot

I've lost …
elveszítettem…
elveseetettem…

I've been attacked
megtámadtak
megtamodtok

my son/daughter is missing
elveszett a fiam/lányom
elvesett o fiom/lanyohm

my car's been towed away
az autómat elvontatták
oz a-ootohmot elvontottak

I've broken down
lefulladt az autóm
lefool-lott oz a-ootohm

my car's been broken into
betörtek az autómba
betuhrtek oz a-ootohmbo

there's a man following me
egy férfi követ
edi fehrfi kuhvet

is there disabled access?
van mozgássérült hozzáférhetőség?
von mohzgash-shehruult hohz-zafehrhetuhshehg?

can you keep an eye on my things for a minute?
tudna vigyázni a dolgaimra egy percre?
toodno vidiazni o dohlgoimro edi pertsre?

he's drowning, get help!
fulladozik, hozzon segítséget!
foolodohzik, hohzzohn shegeetsheeget!

Understanding

autójavító	breakdown service
harapós kutya	beware of the dog
hegymentő	mountain rescue
nem üzemel	out of order
talált tárgyak	lost property
vészkijárat	emergency exit

POLICE

Expressing yourself

I want to report something stolen
be szeretnék jelenteni egy lopást
be seretnehk jelenteni edi lohpasht

I need a document from the police for my insurance company
szükségem van egy rendőrségi igazolásra a biztosító cégemnek
suukshegem von edi renduhrshehgi igozohlashro o biztohsheetoh cehgemnek

Understanding

Filling in forms

családnév	surname
keresztnév	first name
cím	address
irányítószám	postcode
ország	country
nemzetiség	nationality
születési dátum	date of birth
születési hely	place of birth
kor	age
nem	sex
tartózkodás ideje	duration of stay
érkezés/távozás ideje	arrival/departure date
foglalkozás	occupation
útlevélszám	passport number

vámot kell fizetni erre a cikkre
there's customs duty to pay on this item

kinyitná ezt a táskát, kérem?
would you open this bag, please?

mi hiányzik?
what's missing?

ez mikor történt?
when did this happen?

hol lakik?
where are you staying?

le tudná írni a személyt?
can you describe him/her/it?

kitöltené ezt a lapot, kérem?
would you fill in this form, please?

itt írja alá, kérem!
would you sign here, please?

Some informal expressions

rendőr *renduhr*, **zsaru** *zhoroo* police, cop
kék fény *kehk fehny* the fuzz (literally: "blue light")
lenyúl *lenyool* to steal
átvertek, megkopasztottak *atvertek, megkohpostoht-tok* they ripped
me off, they took everything I had

The basics

after	után *ootan*
already	már *mar*
always	mindig *mindig*
at lunchtime	ebédkor *ebehdkohr*
at the beginning/end of	a kezdetén *o kezdetehn*, a végén *o vehgehn*
at the moment	jelenleg *yelenleg*
before	előtt *eluhtt*
between ... and ...	... és... között ... *ehsh... kuhzuhtt*
day	nap *nop*
during	alatt *olott*, közben *kuhzben*
early	korán *kohran*
evening	este *eshte*
for a long time	hosszú ideig *hosh-soo ideig*
from ... to ...	-tól/-től... -ig... *tohl/tuhl... ig*
from time to time	néha *neh-ho*
in a little while	kis időn belül *kis iduhn beluul*
in the evening	este *eshte*
in the middle of	valaminek a közepén *volominek o kuhzepehn*
last	utolsó *ootohlshoh*
late	késő *kehshuh*
midday	délidő *dehliduh*
midnight	éjfél *ehyfehl*
morning	reggel *reggel*
month	hónap *hohnop*
never	soha *soh-ho*
next	következő *kuhvetkezuh*
night	éjjel *ehy-yel*
not yet	még nem *mehg nem*
now	most *mohsht*
occasionally	időnként *iduhnkehnt*
often	gyakran *diokron*
rarely	ritkán *ritkan*
recently	nemrég *nemrehg*

since	óta *ohto*
sometimes	néha *neh-ho*
soon	hamarosan *homorohson*
still	még mindig *mehg mindig*
straightaway	azonnal *ozohn-nol*
until	addig *od-dig*, -ig *ig*
week	hét *heht*
weekend	hétvége *hehtvehge*
year	év *ehv*

Expressing yourself

see you soon!
találkozunk hamarosan!
tolalkohzoonk homorohshon

see you later!
találkozunk később!
tolalkohzoonk kehshubb

see you on Monday!
találkozunk hétfőn!
tolalkohzoonk hehtfuhn!

have a good weekend!
szép hétvégét!
sehp hehtvehgeht!

sorry I'm late
elnézést, hogy késtem
elnehzehsht hohdi kehshtem

I haven't been there yet
még nem voltam ott
mehg nem vohltom ohtt

I haven't had time to ...
nem volt időm, hogy...
nem vohlt iduhm hohdi…

I've got plenty of time
rengeteg időm van
rengeteg iduhm von

I'm in a rush
sietek
shietek

hurry up!
siess!
shiessh!

just a minute, please
csak egy perc, kérem
chok edi perts, kehrem

I had a late night
későn feküdtem le
kehshuhn fekuudtem le

I got up very early
nagyon korán keltem fel
nodion kohran keltem fel

I waited ages
órákig vártam
ohrakig vartom

I have to get up very early tomorrow to catch my plane
nagyon korán kell kelnem holnap, hogy elérjem a repülőt
nodiohn kohran kell kelnem hohlnop, hohdi elehryem o repuuluht

TIME AND DATE

we only have four days left
csak négy napunk maradt
chok nehdi nopoonk morodt

THE DATE

How to express dates

Dates in Hungarian are written backwards from an English speaker's point of view: first the year, then the month (in letters or roman numerals), then the date followed by a full stop. So 14 February 2008 would be written **2008. február 14. (kétezernégy február tizennégy)** or 2008. II. 14.

When talking about years and months, the suffix **-ban/-ben** is used (meaning "in", see the grammar section): **2007-ban, júniusban.** Dates take the suffix **-n** ("on"): **13-án (tizenharmadikán).**

Centuries (**század**, abbreviated to **sz.**) are always written in roman numerals:

the 19th century a **XIX. század**
the 20th century a **XX. században**
14th-century art a **XIV. századi művészet**

BC is written **Kr. e. (Krisztus előtt)** and AD is **Kr. u. (Krisztus után).** You may also see the expressions **i.e.** (before our time) and **i.sz.** (in our time).

The basics

... ago	...ezelőtt *ezeluhtt*
at the beginning/end of	a kezdetén/végén *o kezdetehn/vehgehn*
in the middle of	a közepén *o kuhzepehn*
in two days' time	két nap múlva *keht nop moolvo*
last night	tegnap éjjel *tegnop eluhtt*
the day after tomorrow	holnapután *holnopootan*
the day before yesterday	tegnapelőtt *tegnopeluhtt*
today	ma *mo*
tomorrow	holnap *holnop*

tomorrow morning/ afternoon/evening	holnap reggel/délután/este *holnop reggel/ dehlutan/este*
yesterday	tegnap *tegnop*
yesterday morning/ afternoon/evening	tegnap reggel/délután/este *tegnop reggel/ dehlutan/este*

Expressing yourself

I was born in 1975
1975-ben születtem
ezerkilents-saz hetvenuhtben suulet-tem

I came here a few years ago
pár évvel ezelőtt jöttem ide
par ev-vel ezeluhtt juht-tem ide

I spent a month here last summer
tavaly nyáron töltöttem itt egy hónapot
tovoy nyaron tuhltuht-tem itt edi hohnopoht

I was here last year at the same time
itt voltam a tavaly ugyanekkor
itt vohltom o tovoy udionekkohr

what's the date today?
mi a mai dátum?
mi o moi datoom?

it's the 1st of May
május elseje van
ma-yush elsheye von

we're leaving tomorrow
holnap utazunk el
hohlnop ootozoonk el

what day is it today?
milyen nap van ma?
miyen nop von mo?

I'm staying until Sunday
vasárnapig maradok
vosarnopig morodohk

I already have plans for Tuesday
már vannak terveim keddre
mar vonnok terveim kedd-re

Understanding

egyszer/kétszer	once/twice
háromszor óránként/naponta	three times an hour/a day
minden nap	every day
minden hétfőn	every Monday

a tizenkilencedik évszázadban építették
it was built in the mid-nineteenth century

nagyon forgalmas itt a nyár
it gets very busy here in the summer

mikor mész el?
when are you leaving?

meddig maradsz?
how long are you staying?

THE TIME

How to tell the time

Instead of counting the time past an hour, Hungarians think in terms of time to the next hour. For example, "a quarter past four" is expressed as "a quarter to five" (= a quarter of the way to five); for "half past four", you would say "half to five". The time can be followed by the words **délelőtt** (de.) for the morning, and **délután** (du.) for the afternoon. When talking about the morning, the word **reggel** is used until about 9 o'clock; thereafter **délelőtt** is used.

In programmes and timetables the time is abbreviated as follows: **n4** (**negyed négy** a quarter past three), **f4** (**fél négy** a half past three), **h4** (**háromnegyed négy** a quarter to four).

When talking about transport timetables, Hungarians say the time in full: for example, 07:45 is pronounced **hét óra negyvenöt perc** (7 hours 45 minutes), 18:50 is **tizennyolc óra ötven perc** (18 hours 50 minutes).

The basics

early	korán *kohran*
half an hour	félóra *fehlohro*
in the afternoon	délután *dehlootan*
in the morning	reggel *reggel*
late	késő *kehshuh*
midday	délidő *dehliduh*
midnight	éjfél *ehyfehl*

on time időben *iduhben*
quarter of an hour negyedóra *nediedohro*
three quarters of an hour háromnegyedóra *harohmnediedohro*

Expressing yourself

what time is it?
mennyi az idő?
men-nyi oz iduh

excuse me, have you got the time, please?
elnézést, tudja, mennyi az idő?
elnehzehsht, toodyo, men-nyi oz iduh

it's exactly three o'clock
pontosan három az óra
pohntohson harohm oz ohro

it's nearly one o'clock
majdnem egy óra van
moydnem edi ohro von

it's ten past one
egy óra múlt tíz perccel
edi ohro moolt teez perts-sel

it's half past one
fél kettő
fehl kettuh

it's a quarter past one
negyed kettő
nedied kettuh

it's a quarter to one
háromnegyed egy
hahromnedied edi

it's twenty past twelve
húsz perccel múlt tizenkettő
hoos perts-sel moolt tizenkettuh

it's twenty to twelve
húsz perc múlva tizenkettő
hoos perts moolva tizenkettuh

I arrived at about two o'clock
kettő körül érkeztem
kettuh kuhruul ehrkeztem

I set my alarm for nine
kilencre állítottam az ébresztőt
kilentsre al-leetoht-tom oz ehbrestuht

I waited twenty minutes
húsz percet vártam
hoos pertset vartom

the train was fifteen minutes late
a vonat késett tizenöt percet
o vohnot kehsett tizenuht pertset

I got home an hour ago
egy órája, hogy hazaértem
edi ohrayo, hohdi hozoehrtem

shall we meet in half an hour?
találkozzunk egy félóra múlva?
tolalkohz-zoonk edi fehlohro moolvo

I'll be back in a quarter of an hour
visszajövök egy negyedóra múlva
vis-sojuhvuhk edi nediedohro moolvo

there's a three-hour time difference between ... and ...
három óra időkülönbség van ... és ... között
harohm ohro iduhkuuluhnbsehg von ... ehs ... kuhzutt

Understanding

óránként és félóránként jár	departs on the hour and the half-hour
tíztől négyig van nyitva	open from 10am to 4pm

minden este hét órakor játsszák
it's on every evening at seven

körül-belül másfél órát tart
it lasts around an hour and a half

reggel tízkor nyit
it opens at ten in the morning

Some informal expressions

pontban kettőkor *pohntbon kettuhkohr* at 2 o'clock on the dot
épp nyolc *ehp nyolts* it's just gone 8 o'clock

NUMBERS

0	nulla	*noolo*
1	egy	*edi*
2	kettő	*kettuh*
3	három	*harohm*
4	négy	*nehdi*
5	öt	*uht*
6	hat	*hot*
7	hét	*heht*
8	nyolc	*nyohlts*
9	kilenc	*kilents*
10	tíz	*teez*
11	tizenegy	*tizenedi*
12	tizenkettő	*tizenkettuh*
13	tizenhárom	*tizenharohm*
14	tizennégy	*tizennehdi*
15	tizenöt	*tizenuht*
16	tizenhat	*tizenhot*
17	tizenhét	*tizenheht*
18	tizennyolc	*tizen-nyohlts*
19	tizenkilenc	*tizenkilents*
20	húsz	*hoos*
21	huszonegy	*hoosonedi*
22	huszonkettő	*hoosonkettuh*
30	harminc	*hormints*
35	harmincöt	*hormintsuht*
40	negyven	*nediven*
50	ötven	*uhtven*
60	hatvan	*hotvan*
70	hetven	*hetven*
80	nyolcvan	*nyohltsvon*
90	kilencven	*kilentsven*
100	száz	*saz*
101	százegy	*sazedi*
200	kétszáz	*kehtsaz*
500	ötszáz	*uhtsaz*

1000	ezer *ezer*
2000	kétezer *kehtezer*
10000	tízezer *teezezer*
1000000	egy millió *edi millioh*

first	első *elshuh*
second	második *mashohdik*
third	harmadik *hormodik*
fourth	negyedik *nediedik*
fifth	ötödik *uhtuhdik*
sixth	hatodik *hotohdik*
seventh	hetedik *hetedik*
eighth	nyolcadik *nyohltsodik*
ninth	kilencedik *kilentsedik*
tenth	tizedik *tizedik*
twentieth	huszadik *hoosodik*

20 plus 3 equals 23
húsz meg három egyenlő huszonhárom
hoos meg harohm edienluh hoosonharohm

20 minus 3 equals 17
húsz minusz három egyenlő tizenhét
hoos minoos harohm edienluh tizenheht

20 multiplied by 4 equals 80
húszszor négy egyenlő nyolcvan
hoos-sor nedi edienluh nyohltsvon

20 divided by 4 equals 5
húsz elosztva néggyel egyenlő öt
hoos elohstvo nehdiyel edienluh uht

DICTIONARY

ENGLISH-HUNGARIAN

A

a egy
abbey kolostor
able: to be able to tud
about körül, belül *(see grammar)*;
　to be about to do tervezni
above felett
abroad külföld
accept elfogad
access beenged **110**
accident baleset **32, 109**
accommodation szállás
across keresztben
adaptor töltő
address cím
admission befogadás
advance: in advance előleg,
　előlegben
advice tanács; **to ask someone's
　advice** tanácsot kér
advise tanácsol
aeroplane repülőgép
after után
afternoon délután
after-sun (cream) napkrém
again újból
against ellen
age kor
air levegő
air conditioning légkondicionáló
airline járat
airmail légiposta
airport repülőtér

alarm clock ébresztőóra
alcohol alkohol
alive élő
all mind, minden, egész; **all day**
　egész nap; **all week** egész héten;
　all the better annál jobb; **all
　the same** mind ugyanaz; **all
　the time** mindig, örökké; **all
　inclusive** mindent beleszámítva
allergic allergiás **48, 104, 106**
almost majdnem
already már
also ugyancsak
although habár
always mindig
ambulance mentőautó **103**
American amerikai
among között
anaesthetic altató
and és
animal állat
ankle boka
anniversary évforduló
another más
answer *(n)* válasz
answer *(v)* válaszol
answering machine rögzítő
ant hangya
antibiotics antibiotikum
anybody, anyone akárki
anything akármi
anyway akárhogy
appendicitis vakbél gyulladás
appointment találkozó;

(with doctor) rendelés **102**;
(date) randevú; **to make
an appointment** találkozót
szervezni **102**; **to have an
appointment** találkozni **103**
April április
area környék; **in the area** a
környéken
arm kar
around körül
arrange rendez; **to arrange to
meet** találkát szervez
arrival megérkezés
arrive megérkezik
art művészet
artist művész
as mint; **as soon as possible**
amilyen gyorsan csak lehet;
as soon as amint; **as well as**
ugyancsak
ashtray hamutálca
ask kérdez; **to ask a question**
kérdést tesz fel
aspirin fájdalomcsillapító
asthma asztma
at -nál, -nél (see grammar)
attack (v) támad
August augusztus
autumn ősz
available található
avenue sétány
away: ... km away ...kilométerre
innen

ß

baby baba, csecsemő
baby's bottle bébiüveg

back hát; **at the back of ...** ...
háta mögött
backpack hátizsák
bad rossz; **it's not bad** nem rossz
bag táska
baggage csomag
bake süt
baker's pék
balcony terasz
bandage kötés
bank bank **90**
banknote bankjegy
bar bár
barbecue grill, flekken; (spit-roast)
nyársonsült
bath fürdő; **to have a bath** fürödni
bath towel fürdőtörülköző
bathroom fürdőszoba
battery elem **32**
be van, létezik
beach part, strand
beach umbrella strandernyő
beard szakáll
beautiful gyönyörű
because mert; **because of**
valamiből kifolyólag
bed ágy
bee méh
before előtt
begin kezd
beginner kezdő
beginning kezdet; **at the
beginning** a kezdetben
behind mögött
believe hisz
below alatt
beside mellett
best legjobb; **the best** a legjobb

better jobb; **to get better**
felépül; **it's better to …** jobb,
ha…
between között
bicycle bicikli, kerékpár
bicycle pump biciklipumpa
big nagy
bike bringa
bill számla **50**
bin szemeteskosár, kuka
binoculars messzelátó
birthday születésnap
bit harapott
bite (n) harapás
bite (v) harap
black fekete
blackout ájulás
blanket takaró
bleed vérez
bless: bless you! egészség!,
egészségére!
blind vak
blister hólyag
blood vér
blood pressure vérnyomás
blue kék
board (n) (hard surface) tábla
board (v) (plane) felszáll **27**
boarding felszállás
boat csónak
body test
book (n) könyv; **book of tickets**
jegykönyv
book (v) foglal
bookshop könyvesüzlet
boot (footwear) csizma; (of car)
csomagtartó
borrow kölcsönöz

botanical garden botanikus kert
both mindkettő; **both of us**
mindketten
bottle üveg
bottle opener üvegnyitó
bottom alj; **at the bottom**
az alján; **at the bottom of**
valaminek az alján
bowl (dish) tál
bra melltartó
brake (n) fék
brake (v) fékez
bread kenyér
break eltör; **to break one's leg**
eltöri a lábát
break down lerobban **32, 109**
breakdown defekt
breakdown service autójavító
breakfast reggeli **39**; **to have
breakfast** reggelizik
bridge híd
bring hoz
brochure tájékoztató
broken törött
bronchitis bronchitis
brother fiútestvér
brown barna
brush kefe
build épít
building épület
bump kiugrás
bumper kiugró
buoy bója
burn (n) égés
burn (v) ég; **to burn oneself**
megégeti magát
burst (v) kiszakad
burst (adj) szétrobbanó

bus busz **30**
bus route buszvonal
bus station buszállomás
bus stop buszmegálló
busy foglalt
but de
butcher hentes
buy vásárol **79, 81**
by -val, -vel *(see grammar)*; **by car** autóval
bye! viszlát!

C

café kávézó
call *(n)* hívás
call *(v)* hív; **to be called** hivat **12**; **to call out** kihív
call back visszahív
camera fényképezőgép
camper sátorozó, táborozó
camping sátorozik; **to go camping** sátorozni megy
camping stove kempingfőző
campsite sátorozó hely, tábor, kemping **42**
can *(n)* konzervdoboz
can *(v)* tud; **I can't** nem tudok
can opener konzervnyitó
cancel elhalaszt
candle gyertya
car autó
car park parkírozó
caravan karaván
card kártya
carry hoz, cipel
case: in case of … abban az esetben, hogy…

cash készpénz; **to pay cash** készpénzzel fizet **80**
cashpoint bankautomata **90**
castle vár
catch megfog, elfog
cathedral katedrális, székesegyház
caving barlangozás
CD cd
cemetery temető
centimetre centiméter
centre központ
century évszázad
chair szék
chairlift sífelvonó
change *(n)* maradék; *(money)* visszajáró pénz **81**
change *(v)* vált, bevált **90**
changing room öltözőszoba **83**
channel csatorna
chapel kápolna
charge *(n)* *(money)* díj; *(in phone)* töltés
charge *(v)* *(money)* felszámít; *(phone)* megtölt
cheap olcsó
check ellenőriz
check in bejelentkezik
check-in bejelentkezés **27**
checkout kijelentkezés
cheers! egészség!
chemist gyógyszertár
cheque csekk
chess sakk
chessboard sakktábla
checkmate sakkmatt; matt
chest láda
child gyerek

chilly hűvös
chimney kémény
chin áll
church templom
cigar szivar
cigarette cigaretta
cigarette paper cigarettapapír
cinema mozi
circus cirkusz
city nagyváros
clean *(adj)* tiszta
clean *(v)* takarít
cliff szikla
climate éghajlat
climbing hegymászás
cloakroom ruhatár
close *(v)* bezár
closed zárva
closing time záróra
clothes ruha, ruhanemű
clutch kuplung
coach busz
coast part
coathanger fogas
cockroach svábbogár, csótány
coffee kávé
coin pénzérme
cold *(n)* hideg; **to have a cold**
  meg van hűlve/fázva
cold *(adj)* hideg; **it's cold** hideg
  van; **I'm cold** fázom
collection gyűjtemény
colour szín **83**
comb fésű
come jön
come back visszajön
come in bejön
come out kijön

comfortable kényelmes
company cég
compartment fülke
complain panaszkodik
comprehensive insurance
  kaszkóbiztosítás
computer számítógép
concert koncert
concert hall koncertterem
concession kedvezmény **25, 70**
condom kondom
confirm véglegesít **27**
connection kapcsolat **28**
constipated szorulásos
consulate konzulátus **109**
contact *(n)* kapcsolat
contact *(v)* kapcsolatba lép **97**
contact lenses kontaktlencse
contagious elkapható, vírusos
contraceptive fogamzásgátló
cook szakács
cooked főtt
cooking főzés, **to do the**
  cooking főz
cool hűvös
corkscrew dugó
correct helyes
cost ár
cotton gyapott
cotton bud gyapottvirág
cotton wool vatta
cough *(n)* köhögés; **to have a**
  cough köhög
cough *(v)* köhög
count számol
country ország
countryside vidék
county megye

course: of course persze, természetesen
cover (n) takaró
cover (v) betakar
credit card kreditkártya 37, 50, 80
cross (n) kereszt
cross (v) keresztez
cruise sétahajózás
cry sír
cup csésze
currency pénznem, valuta
customs vám
cut vág; **to cut oneself** megvágja magát
cycle path biciklijárat; kerékpárút

D

damaged rongált
damp nyirkos
dance (n) tánc
dance (v) táncol
dangerous veszélyes
dark sötét; **dark blue** sötétkék
date (n) (day and month) dátum; (meeting) randevú; **out of date** lejárt
date from származik
date of birth születésnapi datum
daughter lány
day nap; **the day after tomorrow** holnapután; **the day before yesterday** tegnapelőtt
dead halott
deaf süket
dear kedves
debit card debitkártya
December december

declare kijelent
deep mély
degree (in temperature) fok
delay késleltet
delayed késett
deli ábc, sarki üzlet, csemegebolt
dentist fogorvos
deodorant dezodor
department részleg
department store áruház
departure indulás
depend: that depends (on) az attól függ
deposit letét
dessert desszert 48
develop: to get a film developed filmet kidolgoztat
diabetes cukorbetegség
dialling code telefonkód
diarrhoea: to have diarrhoea hasmenése van
die meghal
diesel benzin, olaj
diet diéta; **to be on a diet** diétázik
different (from) különböző, különbözik
difficult nehéz
digital camera digitális kamera
dinner vacsora; **to have dinner** vacsorázik
direct egyenes, direkt
direction irány; **to have a good sense of direction** jól tud eligazodni
directory címtár
directory enquiries címtár tudakozó

dirty *(adj)* piszkos
disabled nyomorék **110**
disaster katasztrófa
disco diszkó
discount kedvezmény **69**; **to give someone a discount** kedvezményt ad
discount fare kedvezményes útiár
dish étel; **dish of the day** napi ajánlat
dish towel törülő
dishes edény; **to do the dishes** mosogat
dishwasher mosogatógép
disinfect fertőtlenít
disposable eldobható
disturb zavar; **do not disturb** kérem ne zavarjon!
do tesz; **do you have a light?** van öngyújtója?
doctor orvos **102**
door ajtó
door code bejárati kód
downstairs lenn
draught beer csapolt sör
dress: to get dressed felöltözik
dressing köret
drink *(n)* ital; **to go for a drink** megy sörözni **46, 61**; **to have a drink** iszik egyet
drink *(v)* iszik
drinking water ivóvíz
drive: *(n)* **to go for a drive** elmegy vezetni egyet
drive *(v)* vezet
driving licence jogosítvány
drops cseppek
drown megfullad, vízbefullad

drugs gyógyszer, kábítószer
drunk ittas
dry *(adj)* száraz
dry *(v)* szárít
dry cleaner ruhatisztító
duck kacsa
during alatt; **during the week** hétközben

E

each mindegyik; **each one** mindegyik
ear fül
early korán
earplugs füldugó
earrings fülbevaló
earth föld
east kelet; **in the east** keleten; **(to the) east of** keletre van
Easter húsvét
easy könnyű
eat eszik **45**
economy class közgazdaságtan óra
Elastoplast® sebtapasz
electric elektromos
electric shaver elektromos borotva
electricity elektromosság
electricity meter elektromos mérő
e-mail e-mail **95**
e-mail address e-mail cím **19, 94**
embassy követség
emergency vészhelyzet **109**; **in an emergency** vészhelyzetben
emergency exit vészkijárat
empty üres
end vége; **at the end of**

valaminek a vége; **at the end of the street** az utca végén

engaged *(to be married)* eljegyzett; *(busy)* foglalt, elfoglalt

engine motor

England Anglia

English angol

enjoy: enjoy your meal! jó étvágyat!; **to enjoy oneself** jól érzi magát

enough elég; **that's enough** elég volt

entrance bejárat

envelope boríték

epileptic epileptikus

equipment felszerelés

espresso eszpresszó kávé

euro euro

Eurocheque euro csekk

Europe Európa

European európai

evening este; **in the evening** este

every minden; **every day** minden nap

everybody, everyone mindenki

everywhere mindenütt

except kivéve

exceptional kivételes

excess felesleg, többlet

exchange beváltás

exchange rate beváltási árfolyam

excuse *(n)* mentség, kifogás

excuse *(v)* **excuse me** elnézést kér, elnézést

exhaust kimerít

exhausted kimerítő

exhaust pipe kipufogócső

exhibition kiállítás **69**

exit kijárat

expensive drága

expiry date lejárati dátum

express *(adj)* gyors, sürgős

expresso eszpresszó

extra extra, több

eye szem

F

face arc

facecloth arctörülő

fact tény; **in fact** a tény az, hogy

faint elájul

fair *(n)* vásár

fall *(v)* esik; **to fall asleep** elalszik; **to fall ill** lebetegedik

family család

fan legyező

far messze; **far from** messze valahonnan

fare ellátás, viteldíj

fast gyors

fast-food restaurant gyorsétterem

fat kövér

father apa

favour szívesség; **to do someone a favour** szívességet tesz valakinek

favourite kedvenc

fax fax

February február

fed up: to be fed up with elege van belőle

feel érez; **to feel good/bad** jól/rosszul érzi magát **103**

feeling érzés
ferry komp
festival fesztivál
fetch: to go and fetch someone/something megy és hoz valakit/valamit
fever láz; **to have a fever** láza van
few kevés
fiancé, fiancée jegyes
fight verekedés
fill tölt
fill in megtölt
fill out kitölt
fill up: to fill up with petrol feltölti benzinnel
filling (in tooth) fogtömés
film film **87**
finally végre
find talál **21**
fine (n) pénzbüntetés
fine (adj) rendes; **I'm fine** jól vagyok
finger ujj
finish befejez
fire tűz; **fire!** tűz!
fire brigade tűzoltóság
fireworks tűzijáték
first első; **first (of all)** először is
first class első óra
first floor első emelet
first name keresztnév
fish (n) hal
fishmonger, fish shop halüzlet
fitting room öltözőfülke
fizzy pezsgő
flash vaku
flask flakon

flat (adj) egyenes, sima; **flat tyre** gumidefekt
flat (n) lakás
flavour íz
flaw hiba
flight repülés
flip-flops strandpapucs
floor padló; **on the floor** a padlón
flu meghűlés, megfázás, influenza
fly (n) repülés
fly (v) repül
food étel
food poisoning ételmérgezés
foot láb
for érte, rá; **for an hour** egy órára
forbidden tilos
forecast időjárásjelentés
forehead homlok
foreign idegen, külföldi
foreigner idegen, külföldi
forest erdő
fork (cutlery) villa; (in road) útelágazás
former előző
forward (adj) előre
fracture törés
fragile törékeny
free (at liberty) szabad; (without charge) ingyen
freezer fagyasztó
Friday péntek
fridge hűtőszekrény
fried sült
friend barát
from -tól, -től (see grammar); **from … to …** -tól/-től… ig…
front előtt; **in front of** valami előtt
fry süt

frying pan serpenyő
full tele; **full of** tele van
full board teljes ellátás
full fare, full price teljes ár
fuse biztosíték

gallery galéria
game játék
garage garázs **32**
garden kert
gas gáz
gas cylinder gázhenger
gastric flu gyomorbetegség
gate kapu
gauze géz
general általános
gents' (toilet) urak (toalett)
get vesz
get off leszáll **30**
get up felkel, feláll
gift wrap ajándékcsomagolás
girl lány
girlfriend barátnő
give ad
give back visszaad
glass pohár; **a glass of water** pohár víz
glasses szemüveg
gluten-free glutin nélküli
go megy; **to go to Budapest/ to Hungary** Budapestre/ Magyarországra megy; **we're going home tomorrow** holnap megyünk haza
go away elmegy
go in bemegy

go out kimegy
go with vele megy
golf golf
golf course golfpálya
good jó; **good morning** jó reggelt; **good afternoon** jó napot; **good evening** jó estét
goodbye viszlát
goodnight jó éjt
goods áru
GP általános orvos
grams gramm
grass fű
great óriási
Great Britain Nagy-Britannia
green zöld
grey szürke
grocer zöldségárus
ground föld; **on the ground** a földön
ground floor földszint
ground sheet sátorfenék
grow növekedik
guarantee garancia
guest vendég
guest house vendégház
guide idegenvezető **63, 68**
guidebook idegenvezetőkönyv
guided tour csoportos utazás
gynaecologist nőgyógyász

hair haj
hairdresser fodrász
hairdrier hajszárító
half fél; **half a litre/kilo** fél liter/ kiló; **half an hour** félóra

half-board félpanzió
half-pint: a half-pint félkorsó
hand kéz
handbag kézitáska
handbrake kézifék
handkerchief zsebkendő
hand luggage kézicsomag **27**
hand-made kézzel készített
hangover másnaposság
happen történik
happy boldog
hard (difficult) nehéz; (in texture)
  kemény
hat kalap
hate utál
have rendelkezik
have to kell; **I have to go**
  mennem kell
hay fever szénanátha
he ő, fiú
head fej
headache: to have a headache
  fejfájása van
headlight fényszóró
health egészség
hear hall
heart szív
heart attack szívinfarktus
heat forróság
heating melegítés
heavy nehéz
hello helló
helmet fejfedő, bukósisak
help (n) segítség; **to call for help**
  segítséget kér; **help!** segítség!
help (v) segít **108**
her ő, őt (see grammar)
here itt; **here is/are** itt van/vannak

hers az övé (see grammar)
hi! szia!
high magas
high blood pressure magas
  vérnyomás
high tide dagály
hiking túrázás, **to go hiking**
  túrázik **74**
hill domb
hill-walking túrázás, **to go hill-
  walking** túrázik
him ő, őt
himself ő maga
hip csípő
hire (n) bér
hire (v) kiad, bérbe ad **32, 73, 75**
his övé (see grammar)
hitchhike stoppol
hitchhiking stoppolás
hold tart; **hold on!** (on the phone)
  pillanat!
holiday(s) szabadság; **on holiday**
  szabadságon van
home otthon; **at home** otthon;
  to go home hazamegy
homosexual homoszexuális
honest őszinte
honeymoon mézes hetek
horse ló
hospital kórház
hot forró; **it's hot** ez forró; **hot
  drink** forró ital
hot chocolate forrócsokoládé,
  forrócsoki
hotel szálló **39**
hotplate főzőlap
hour óra; **an hour and a half**
  másfélóra

house ház
housework házimunka; **to do the housework** házimunkát végez
how hogy; **how are you?** hogy vagy?
Hungary Magyarország
Hungarian magyar
hunger éhség
hungry: to be hungry éhesnek lenni
hurry: to be in a hurry sietni
hurry (up) siess!
hurt: it hurts fáj; **my head hurts** fáj a fejem **104**
husband férj

I

I én; **I'm English** angol vagyok; **I'm 22 (years old)** 22 éves vagyok
ice jég
ice cube jégkocka
identity card személyigazolvány
if ha
ill beteg
illness betegség
important fontos
in -ban, -ben *(see grammar)*; **in England** Angliában; **in 2007** 2007-ben; **in Hungarian** magyarul; **in Hungary** Magyarországon; **in the 19th century** a 19. században; **in an hour** egy órán belül
included beleszámítva **39, 42, 50**
independent független

indicator index
infection fertőzés
information információ **68**
injection injekció
injured sebzett
insect rovar
insecticide rovarirtó
inside benn, belül
insomnia álmatlanság
instant coffee instans kávé
instead ehelyett; **instead of** helyett
insurance biztosítás
intend to szándékozik
international nemzetközi
international money order nemzetközi pénzutalás
Internet internet
Internet café internet kávézó **94**
invite meghív
Ireland Írország
Irish ír
iron *(n)* vas
iron *(v)* vasal
island sziget
it ő, ez, az; **it's beautiful** ez/az gyönyörű; **it's warm** meleg van
itchy: it's itchy viszketős, viszket
item adat, tétel, szám

J

jacket kiskabát, dzseki
January január
jetlag átállási probléma
jeweller's ékszerész
jewellery ékszer
job állás

jogging kocogás
journey út, utazás
jug kancsó
juice gyümölcslé
July július
jumper pulóver
June június
just: just before éppen valami
  előtt; **just a little** csak egy kicsit;
  just one csak egy; **I've just
  arrived** éppen most érkeztem
  meg; **just in case** abban az
  esetben

K

kayak kajak, csónak
keep tart
key kulcs **39, 41**
kidney vese
kill öl
kilometre kilométer
kind: what kind of …? milyen
  fajta…
kitchen konyha
knee térd
knife kés
knock down lever, elüt
know tud; **I don't know** nem
  tudom

L

ladies' (toilet) hölgyek (toalett)
lake tó
lamp lámpa
landmark határkő, tájpont
landscape táj

language nyelv
laptop notebook
last *(adj)* utolsó, múlt; **last year**
  múlt év
last *(v)* tart
late késő
late-night opening késő nyitás
laugh kacag
launderette gyorstisztító
lawyer ügyvéd
leaflet szórólap
leak csepeg
learn tanul
least: the least a legkisebb; **at
  least** legalább
leave távoz **28**
left bal; **to the left (of)** balra
left-luggage (office)
  poggyászmegőrző
leg láb
lend kölcsönöz
lens lencse, optika
lenses lencsék
less kevesebb; **less than**
  kevesebb mint
let hagy
letter levél
letterbox postaláda
library könyvtár
life élet
lift lift
light *(adj)* könnyű; **light blue**
  világoskék
light *(n)* fény; **do you have a
  light?** kaphatnék egy kis tüzet?,
  van tüzed?
light *(v)* meggyújt
light bulb villanykörte**

lighter öngyújtó
lighthouse világítótorony
like (adv) mint, amint
like (v) tetszik **20**; **I'd like ...** szeretnék...
line vonal
lip ajak
listen hallgat
listings magazine reklámmagazin
litre liter
little (adj) kicsi, kis
little (adv) kevés
live él
liver máj
living room nappali
local time helyi idő
lock zár
long hosszú; **a long time** hosszú idő; **how long ...?** mennyi ideig…?
look kinéz, néz **82**; **to look tired** fáradtnak néz ki
look after vigyáz valakire, valamire
look at néz
look for keres **14, 79**
look like kinéz
lorry teherautó
lose elveszít **32, 109**; **to get lost** elvesz; **to be lost** eltévedt **14**
lot: a lot (of) sok
loud hangos
low alacsony
low blood pressure alacsony vérnyomás
low-fat sovány
low tide apály
luck szerencse
lucky: to be lucky szerencsés

luggage csomag **27**
lukewarm langyos
lunch ebéd; **to have lunch** ebédel
lung tüdő
luxury (n) luxus
luxury (adj) luxusos

M

magazine magazin, képeslap, folyóirat
maiden name leánykori név
mail posta
main fő
main course főétel
make tesz
man férfi
manage kezel, vezet; **to manage to do something** sikerül valamit tenni
manager menedzser, igazgató
many sok; **how many?** mennyi?; **how many times ...?** hányszor…?
map térkép **14, 30, 62, 68**
March március
market piac
married házas
mass mise
match (for fire) gyufa; (game) meccs
material anyag
matter: it doesn't matter nem számít
mattress matrac
May május
maybe talán

me én; **me too** én is
meal étkezés
mean jelent; **what does …**
  mean? ez mit … jelent?
medicine gyógyszer
medium közepes; *(meat)* féligsült
  hús
meet találkozik **62**
meeting találka
member tag
memory card memóriakártya
menu menü
message üzenet
meter méter
metre méter
microwave mikrohullámsütő
midday ebédidő
middle közép; **in the middle**
  (of) a közepén
midnight éjfél
might: it might rain talán esni fog
mill malom
mind: I don't mind nem bánom
mine enyém *(see grammar)*
mineral water ásványvíz
minister *(of religion)* lelkész
minute perc; **at the last minute**
  az utolsó percben
mirror tükör
Miss kisasszony
miss lekésik; **we missed the**
  train lekési a vonatot **28, 30**;
  there are two … missing
  hiányzik kettő...
mistake hiba **50**; **to make a**
  mistake hibázik
mobile (phone) mobiltelefon **97**
modern modern

moisturizer nedvesítőszer
moment pillanat; **at the**
  moment pillanatnyilag
monastery kolostor
Monday hétfő
money pénz **80, 90**
month hónap
monument emlékmű
mood: to be in a good/bad
  mood jó/rossz kedve van
moon hold
moped moped
more több; **more than** több
  mint; **much more, a lot more**
  sokkal több mint; **there's no**
  more … nincs több…
morning reggel
morning-after pill antibébi
  tabletta **106**
mosque mecset
mosquito szúnyog
most: the most legtöbb; **most**
  people legtöbb ember
mother édesanya
motorbike motorbicikli
motorway autópálya
mountain hegy
mountain bike bicikli
mountain hut hegyiház, túristaház
mouse egér
mouth száj
movie film
MP3 player MP3 lejátszó
Mr úr
Mrs hölgy, asszony
much: how much? mennyi; **how**
  much is it?, how much does
  it cost? mennyibe kerül?

muscle izom
museum múzeum
music zene
must kell; **it must be 5 o'clock** 5 óra kell legyen; **I must go** mennem kell
my én *(see grammar)*
myself magam

---

nail köröm
naked meztelen
name név 37; **my name is ...** a nevem...
nap szundítás; **to have a nap** szundít
napkin szalvéta
nappy pelenka
national holiday nemzeti ünnep
nature természet
near közel; **near the beach** a part mellett; **the nearest ...** a legközelebbi...
necessary szükséges
neck nyak
need szükség
neighbour szomszéd
neither: neither do I sem; **neither ... nor ...** sem... sem...
nervous ideges
never soha
new új
news hír
newsagent újságárusító
newspaper újság
newsstand újságosbódé
next következő

New Year újév
nice szép, jó
night éjjel 38, 40, 43
nightclub mulatóhely
nightdress hálóing
no nem; **no, thank you** nem, köszönöm; **no idea** fogalma sincs
nobody senki
noise zaj; **to make a noise** zajt csinál
noisy zajos
non-drinking water nem iható víz
none egyik sem
non-smoker nemdohányzó
noon dél
north észak; **in the north** északon; **(to the) north of** északra
nose orr
not nem; **not yet** még nem; **not any** egyik sem; **not at all** egyáltalán
note jegyzet, megjegyzés
notebook notesz, jegyzetfüzet
nothing semmi
novel regény
November november
now most
nowadays manapság
nowhere sehol
number szám
nurse ápoló(nő)

---

obvious nyilvánvaló
ocean óceán

o'clock: one o'clock óra; **three o'clock** három az óra
October október
of -ból, -ből, közül, -ról, -ről *(see grammar)*
offer ajánlat
often gyakran
oil olaj
ointment kenőcs
OK ok, rendben
old öreg; **how old are you?** mennyi idős vagy?; **old people** idős emberek
old town régi városrész
on -ra, -re, -on, -en, -ön, -n, -kor *(see grammar)*; **it's on at …** …-kor van, játsszák
once egyszer; **once a day/an hour** naponta/óránként egyszer
one egy
only csak
open *(adj)* nyitott **70**
open *(v)* nyit
operate működik, üzemel
operation: to have an operation műtét, műtétje van
opinion vélemény; **in my opinion** véleményem szerint
opportunity lehetőség
opposite *(n)* ellentét
opposite *(prep)* szemben
optician optikus
or vagy
orange *(fruit)* narancs; *(colour)* narancssárga
orchestra zenekar
order *(n)* rend, parancs; **out of order** nem üzemel

order *(v)* parancsol **47, 48**
organic organikus
organize szervez
other más; **others** mások
otherwise másképpen
our mi *(see grammar)*
ours miénk *(see grammar)*
outside kinn, kívül
outward journey kiutazás, odautazás
oven sütő
over át; **over there** keresztül, arrafele
overdone túlsütött, égett
overweight: my luggage is overweight a csomagom túlsúlyos
owe tartozik **50, 105**
own *(adj)* tulajdon, saját; **my own car** a saját autóm
own *(v)* rendelkezik
owner tulajdonos

P

pack: to pack one's suitcase becsomagol
package holiday társasutazás
packed zsúfolt
packet csomag
painting festés, festészet
pair pár; **a pair of pyjamas** pizsama; **a pair of shorts** rövidnadrág
palace palota
pancake palacsinta
pants nadrág
paper papír; **paper napkin**

papírszalvéta; **paper tissue** papírzsebkendő

parcel csomag

pardon? elnézést?, kérem?

parents szülők

park (n) park

park (v) beparkol

parking space parkolóhely

part rész; **to be a part of** része valaminek

party buli, parti

pass (n) (ticket) belépő, bérlet; (in mountains) hágó

pass (v) (go past) elvonul; (time) eltelik; (give) ad

passenger utas

passport útlevél

past múlt; **a quarter past ten** tíz óra tizenöt perc, negyed tizenegy

path ösvény **75**

patient páciens, beteg

pay fizetés **80**

pedestrian gyalogos

pedestrianized street sétálóutca

peel hámoz, hámlik

pen toll

pencil ceruza

people nép, nemzet, emberek **47**

percent százalék

perfect tökéletes

perfume parfüm

perhaps talán

periods periódusok

person személy

petrol benzin **32**

petrol station benzinkút

phone (n) telefon

phone (v) telefonál

phone box telefonfülke **97**

phone call telefonhívás; **to make a phone call** telefonál

phonecard telefonkártya **97**

phone number telefonszám

photo fénykép **87**; **to take a photo (of)** fényképez; **to take someone's photo** lefényképez

picnic piknik; **to have a picnic** piknikel

pie pite

piece darab; **a piece of** egy darab; **a piece of fruit** egy darab gyümölcs

piles aranyér

pill fogamzásgátló; **to be on the pill** fogamzásgátlót szed

pillow párna

pillowcase párnahuzat

PIN (number) pinkód

pink rózsaszín

pity: it's a pity kár érte

place hely

plan terv **61**

plane repülő

plant növény

plaster (cast) gipsz, járógipsz

plastic műanyag

plastic bag műanyagzacskó

plate tányér

platform emelvény, peron, vágány **30**

play (n) játék, színdarab

play (v) játszik

please kérem

pleased megelégedett; **pleased to meet you!** örülök az ismeretségnek!

pleasure öröm, élvezet

plug dugó
plug in bedug, bekapcsol, tömít
plumber vízvezeték-szerelő
point pont, mutat, irányít
police rendőrség
policeman rendőr
police station rendőrörs **109**
police woman rendőrnő
poor szegény
port kikötő
portrait portré
possible lehetséges
post posta
postbox postaláda **93**
postcard képeslap
postcode irányítószám
poste restante postán maradó
poster poszter
postman postás
post office posta **93**
pot fazék, edény
pound font
powder por
practical praktikus
pram babakocsi
prefer előnyben részesít
pregnant állapotos **104**
prepare készül
present jelen
press nyom
pressure nyomás
previous előző
price ár
private privát
probably valószínűleg
problem gond, probléma
procession körmenet
product áru

profession hivatás, szakma
programme műsor
promise ígéret
propose javasol, indítványoz
protect pártfogol, biztosít
public nyilvános, állami
public holiday állami ünnep
pull húz
purple bíbor
purpose: on purpose akarattal
purse pénztárca
push nyom
pushchair sportkocsi
put tesz
put out elnyom, kiolt; *(light)*
   lekapcsol
put up *(raise)* felállít, felemel;
   (lodge) elszállásol
put up with eltűr, belenyugszik,
   tolerál

quality minőség; **of good/bad
   quality** jó/rossz minőségű
quarter negyed; **a quarter of an
   hour** negyedóra; **a quarter to
   ten** negyedóra múlva tíz
quay rakpart
question kérdés
queue *(n)* sor
queue *(v)* sorba áll
quick gyors
quickly gyorsan
quiet csendes
quite egészen, teljesen,
   meglehetősen; **quite a lot of**
   elég sok

racist rasszista, fajgyűlölő
racket teniszütő
radiator fűtőtest, radiátor
radio rádió
radio station rádióállomás
rain eső
rain: (v) **it's raining** esik az eső
raincoat esőkabát
random: at random találomra
rape megerőszakolás
rare ritka; (meat) félig sült hús
rarely alig, aligha
rather inkább
raw nyers
razor borotva
razor blade borotvapenge
reach elér
read olvas
ready kész
reasonable ésszerű, méltányos
receipt nyugta, elismervény **81, 105**
receive képhez kap, vesz valamit
reception porta; **at reception**
    a portán
receptionist portás
recipe recept
recognize elismer
recommend ajánl **39, 46, 74**
red piros; (hair) vörös
red light piros lámpa
red wine vörösbor
reduce lecsökkent
reduction csökkentés, árcsökkenés
refrigerator hűtő
refund (n) visszafizetés; **to get a
    refund** visszatérítést kap **83**

refund (v) visszatérít
refuse elutasít
registered regisztrált,
    nyilvántartott
registration number
    nyilvántartási szám
remember emlékszik
remind emlékeztet
remove eltávolít
rent (n) bérleti díj
rent (v) bérbe ad **41**
rental kölcsönzési díj
reopen újra kinyit
repair megjavít **32**; **to get
    something repaired** valamit
    megjavít
repeat ismétel **12**
reserve tartalék **46, 47**
reserved fenntartott, lefoglalt
rest: (n) **the rest** a többi
rest (v) pihen, szünetel
restaurant vendéglő **46**
return visszatér
return ticket menettérti jegy
reverse-charge call r-hívás **97**
reverse gear hátramenet
rheumatism reuma
rib oldalborda
right (n) jog, jobb; **to have
    the right to …** joga van
    valamihez…; **to the right (of)**
    valamitől jobbra
right (adj) helyes
right: (adv) **right away** máris;
    right beside pontosan mellette
ring gyűrű
ripe érett
rip-off rablás

risk rizikó, kockázat
river folyó
road út
road sign útjelző
rock kő
rollerblades görkorcsolya
room szoba **38, 39**
rosé wine rozé
round körül
roundabout körforgalom
rubbish szemét; **to take the rubbish out** kiviszi a szemetet
rucksack hátizsák
rug szőnyeg
ruins romok; **in ruins** romokban van
run out: to have run out of petrol kifogy a benzinből **32**

S

sad szomorú
safe biztonságos
safety biztonság
safety belt biztonsági öv
sail vitorla
sailing vitorlázás; **to go sailing** vitorlázik
sale: for sale eladó; **in the sale** a vásáron
sales értékesítés
salt só
salted sózott
salty sós
same ugyanaz; **the same** ugyanaz **49**
sand homok
sandals szandál

sanitary towel egészségi törülköző
Saturday szombat
saucepan lábas
save védés
say mond; **how do you say …?** hogy mondják…?
scenery panoráma
scissors olló
scoop: one/two scoop(s) *(of ice cream)* egy/két fagylaltgombóc
scooter roller
scotch *(whisky)* viszki
Scotland Skócia
Scottish skót
sea tenger
seafood *(fish)* tengeri hal; *(crab, lobster)* rák; *(shellfish)* kagyló
seasick: to be seasick tengeri beteg
seaside: at the seaside a tengerparton
seaside resort tengerparti fürdőhely
season évszak
seat ülőhely **25**
sea view tengeri látvány, kinéző
seaweed hínár
second második
second class másodosztályú
secondary school középiskola
second-hand másodkezű áru
secure biztos
security biztonság
see lát; **see you later!** viszlát!; **see you soon!** szia!; **see you tomorrow!** találkozunk holnap!
seem tűnik; **it seems that …** úgy tűnik, hogy…

seldom ritkán
sell elad
Sellotape® cellux ragasztó
send elküld
sender feladó
sense érez
sensitive érzékeny
sentence mondat
separate elválaszt
separately külön
September szeptember
serious komoly
several egypár
sex szeretkezés, szex
shade árnyék; **in the shade** az árnyékban
shame szégyen
shampoo sampon
shape alak
share megoszt
shave borotválkozik
shaving cream borotvakrém
shaving foam borotvahab
she ő, lány
sheet *(for bed)* lepedő; *(of paper)* ív
shellfish kagyló
shirt ing
shoes cipő
shop bolt, üzlet
shop assistant bolti eladó
shopkeeper boltvezető
shopping vásárlás; **to do some/ the shopping** vásárol
shopping centre bevásárlóközpont
short rövid; **I'm two ... short** hiányzik két...
short cut rövidítés

shorts rövidnadrág
short-sleeved rövidujjú
shoulder váll
show *(n)* előadás **64**
show *(v)* megmutat
shower tusoló; **to take a shower** tusol
shower gel tusfürdő
shut becsuk
shuttle *(train)* gyorsvonat; *(bus)* gyorsbusz
shy félénk
sick: to feel sick betegnek érzi magát
side oldal
sign *(n)* jel
sign *(v)* jelez
signal jelzés
silent csendes
silver ezüst
silver-plated ezüstözött
SIM card SIM kártya
since azóta, óta
sing énekel
singer énekes
single egyetlen, egyedüli
single (ticket) egyszeri jegy
sister nővér, húg
sit down leül
size méret **83**
ski sí
ski boots sícsizma
skiing sízás; **to go skiing** sízik
ski lift sílift
ski pole síbot
ski resort síparadicsom
skin bőr
skirt szoknya

sky ég
skyscraper felhőkarcoló
sleep (n) alvás
sleep (v) alszik; **to sleep with** lefekszik vele
sleeping bag hálózsák
sleeping pill altatószer
sleepy: to be sleepy álmos
sleeve ujj
slice szelet, szeletel
sliced szeletelt
slide csúszda
slow lassú
slowly lassan
small kicsi
smell (n) szag
smell (v) szagol; **to smell good/ bad** jó/rossz illata van
smile (n) mosoly
smile (v) mosolyog
smoke füst
smoker dohányzó
snack harapnivaló
snow (n) hó
snow (v) havazik
snowboard snowboard
snowboarding snowboardolás
so olyan, ilyen; **so that** azért, hogy
soap szappan
soccer futball, labdarúgás, foci
socks zokni
some egyes; **some people** egyes emberek
somebody valaki
someone valaki
something valami; **something else** valami más
sometimes néha

somewhere valahol; **somewhere else** valahol máshol
son fia valakinek
song ének
soon hamarosan
sore: to have a sore throat fáj a torka; **to have a sore head** fáj a feje
sorry bocsánat; **sorry!** bocsánat!, sajnálom!
south dél; **in the south** délen; **(to the) south of** délre
souvenir emlék
spare maradék
spare part alkatrész
spare tyre pótkerék
spare wheel pótkerék
spark plug autógyertya
speak beszél **10, 12, 98, 109**
special különleges; **today's special** mai ajánlat **48**
speciality különlegesség
speed gyorsaság; **at full speed** teljes gyorsasággal
spell betűz; **how do you spell it?** hogyan betűzik?
spend elkölt
spice fűszer
spicy fűszeres
spider pók
splinter szilánk
split up széthasít
spoil elromlik, elront
sponge szivacs
spoon kanál
sport sport
sports ground sportpálya
sporty sportos

spot folt, pecsét, vidék
sprain: to sprain one's ankle kificamítja a bokáját
spring tavasz
square négyzet
stadium stadion
stain folt, pecsét, maszat
stained-glass windows festett üvegablak
stairs lépcső
stamp bélyeg **93**
start elkezd
state állam
statement kijelentés
station megálló
stay (n) tartózkodás
stay (v) marad; **to stay in touch** fenntartja a kapcsolatot
steal lop **109**
step lépés
sticking plaster sebtapasz
still mégis, csendes
still water szénsavmentes
sting (n) fullánk
sting (v) megcsíp; **to get stung** megszúrja valami
stock: out of stock kifogyott
stomach gyomor
stone kő
stop (n) megálló **30**
stop (v) megáll
stopcock elzárócsap
storey emelet
storm vihar
straight ahead, straight on egyenesen előre
strange különös
street utca

strong erős
stuck elakadt
student diák **25**
studies tanulmányok
study tanul; **to study biology** biológiát tanul
style stílus
subtitled feliratozott
suburb külváros
suffer szenved
suggest ajánl
suit: does that suit you? ez megfelelő?
suitcase bőrönd **27**
summer nyár
summit tetőpont
sun nap; **in the sun** a napon
sunbathe napozik
sunburnt: to get sunburnt megégett a napon
sun cream napkrém
Sunday vasárnap
sunglasses napszemüveg
sunhat napkalap
sunrise napkelte
sunset napnyugta
sunstroke napszúrás; **to get sunstroke** napszúrást kap
supermarket szupermarket **79**
supplement pótlás
sure biztos
surf szörf
surgical spirit sebészeti szesz
surname családnév
surprise (n) meglepetés
surprise (v) meglep
sweat izzadás
sweater pullóver

sweet *(n)* édesség
sweet *(adj)* édes
swim: *(n)* **to go for a swim** úszni megy
swim *(v)* úszik
swimming úszás
swimming pool úszómedence
swimming trunks fürdőnadrág
swimsuit fürdőruha
switch off lekapcsol
switch on felkapcsol
switchboard operator telefonközpontos
swollen dagadt
synagogue zsinagóga
syrup szirup

T

table asztal **46, 47**
tablespoon nagykanál
tablet pirula
take igényel; **it takes two hours** két órát vesz fel, igényel
take off *(plane)* felszáll
takeaway étel elvitelre
talk beszélget
tall magas
tampon tampon
tan barnulás
tanned napbarnított
tap csap
taste kóstolás
taste megkóstol
tax adó
tax-free adómentes
taxi taxi **33**
taxi driver taxisofőr

T-bar sílift
team csapat
teaspoon teáskanál
teenager tinédzser, tizenéves
telephone *(n)* telefon
telephone *(v)* telefonál
television televízió
tell mond
temperature hőmérséklet; **to take one's temperature** lázat mér
temporary ideiglenes
tennis tenisz
tennis court teniszpálya
tennis shoe teniszcipő
tent sátor
tent peg sátorcövek
terminal végállomás
terrace terasz
terrible rettenetes
thank köszönet; **thank you** köszönöm; **thank you very much** nagyon köszönöm
thanks kösz; **thanks to** köszönettel valakinek
that az; **that one** az ott
the a, az *(see grammar)*
theatre színház
theft lopás
their övék
theirs övéik
them őket
theme park vidámpark
then akkor
there ott; **there is** van, létezik; **there are** vannak, léteznek
therefore ebből kifolyólag
thermometer hőmérő

Thermos® flask termosz
these ezek; **these ones** ezek
they ők; **they say that ...** azt
  mondják, hogy...
thief tolvaj
thigh comb
thin vékony
thing dolog; **things** dolgok
think gondolkozik
think about gondolkozik valamiről
thirst szomj
thirsty: to be thirsty szomjas
this ez; **this one** ez; **this
  evening** ma este; **this is** ez az
those azok; **those ones** azok
throat torok
throw dob
throw out kidob
Thursday csütörtök
ticket jegy **25, 63, 64, 69**
ticket office jegyiroda **68**
tidy rendes
tie nyakkendő
tight szoros
tights harisnyanadrág
time idő; **what time is it?**
  mennyi az idő?; **from time to
  time** időről időre; **on time**
  időben; **three/four times**
  háromszor/négyszer
time difference időkülönbség
timetable órarend **25, 73**
tinfoil alufólia
tip ötlet
tired fáradt
tobacco dohány
tobacconist trafikos
today ma

together együtt
toilet toalett **11, 46**
toilet bag piperetáska
toilet paper wc-papír
toiletries piperecikkek
toll vám
tomorrow holnap; **tomorrow
  evening** holnap este;
  tomorrow morning holnap
  reggel
tongue nyelv
tonight ma éjjel
too is; **too bad** sajnálom; **too
  many** túl sok; **too much** túl sok
tooth fog
toothbrush fogkefe
toothpaste fogkrém
top legfelső; **at the top** a tetőn
top-up card feltöltőkártya **97**
torch elemlámpa
touch megérint
tourist turista
tourist office turistairoda
tourist trap turistacsapda
towards felé
towel törülköző
town város
town centre városközpont
town hall városháza
toy játék
traditional hagyományos
traffic forgalom
traffic jam forgalmi dugó
train vonat **30**; **the train to
  Budapest** a budapesti vonat
train station vonatállomás
tram villamos
transfer *(of money)* pénzátutalás **90**

translate lefordít
travel agency utazási iroda
travel utazik
traveller's cheque utazási csekk
trip út; **have a good trip!** jó utat!
trolley troli
trouble: to have trouble doing something gondja van valamivel
trousers nadrág
true igaz
try próbál; **to try to do something** próbálkozik
try on felpróbál
Tuesday kedd
tube metró
tube station metróállomás
turn: (n) **it's your turn** a te sorod van
turn (v) fordul
twice kétszer
type (n) típus
type (v) gépel
typical tipikus
tyre kerékgumi

umbrella esernyő
uncle nagybácsi
uncomfortable kényelmetlen
under alatt
underground földalatti **30**
underground line földalatti vonal
underground station földalatti állomás
underneath alatt
understand megért **12**
underwear alsónemű

United Kingdom Nagy-Britannia
United States Egyesült Államok
until amíg
upset haragos
upstairs fenn
urgent sürgős
us bennünket
use használ; **to be used for** valamire használ; **I'm used to it** hozzá vagyok szokva
useful hasznos
useless haszontalan
usually általában
U-turn megfordulás

vaccinated beoltott
valid érvényes
valley völgy
VAT ÁFA
vegetarian vegetáriánus
very nagyon
view látvány
villa villa
village falu
visa vízum
visit (n) látogatás
visit (v) látogat
volleyball volilabda
vomit hány

W

waist derék
wait vár; **to wait for somebody/ something** vár valakire/valamire
waiter felszolgáló

waitress felszolgálólány
wake up felébred
Wales Wales
walk: *(n)* **to go for a walk** sétálni
  megy **74**
walk *(v)* sétál
walking: to go walking sétál
walking boots sétacipő
Walkman® walkman
wallet pénztárca
want akar; **to want to do**
  something akar valamit tenni
warm meleg
warn figyelmeztet
wash: *(n)* **to have a wash**
  megmosakszik
wash mos; **to wash one's hair**
  megmossa a haját
washbasin mosómedence
washing: to do the washing
  ruhát mos
washing machine mosógép
washing powder mosószer
washing-up liquid mosogatószer
wasp darázs
waste szemét, pazarlás
watch *(n)* karóra
watch *(v)* figyel; **watch out!**
  figyelem!
water víz
water heater vízmelegítő
waterproof vízálló
way út **14**
way in bejárat
way out kijárat
we mi
weak gyenge
wear visel

weather időjárás; **the weather's**
  bad az idő rossz
weather forecast időjárásjelentés
website weboldal
Wednesday szerda
week hét
weekend hétvége
welcome fogadtatás; **welcome!**
  üdvözöljük!, Isten hozott!; **you're**
  welcome szívesen
well jól; **I'm very well** nagyon
  jól vagyok; **well done** *(meat)*
  átsütött hús
well-known ismert
Welsh welszi
west nyugat; **in the west**
  nyugaton; **(to the) west of**
  nyugatra
wet nedves
what mi; **what do you want?**
  mit akarsz?
wheel kerék
wheelchair tolószék
when mikor
where hol; **where is/are…?** hol
  van/vannak…?; **where are you**
  from? honnan való vagy?; **where**
  are you going? hova mész?
which melyik, amelyik
while azalatt
white fehér
white wine fehérbor
who ki; **who's calling?** ki hív?
whole egész, teljes; **the whole**
  cake az egész együttesen
whose valakié
why miért
wide széles

wife feleség
wild vad
wind szél
window ablak; **in the window** az ablakban
windscreen szélvédő
wine bor
winter tél
with -val, -vel *(see grammar)*
withdraw kivenni
without nélkül
woman nő
wonderful csodálatos
wood fa
wool gyapjú
work *(n)* munka; **work of art** művészi munka
work *(v)* dolgozik **17**
works gyár, üzem
world világ
worse rosszabb; **to get worse** rosszabbodik; **it's worse (than)** rosszabb (mint)
worth: to be worth megéri

wound seb
wrist csukló
write ír **12, 80**
wrong helytelen

XYZ

X-rays sugárzás

year év
yellow sárga
yes igen
yesterday tegnap; **yesterday evening** tegnap este
you te
young fiatal
your a te *(see grammar)*
yours tied *(see grammar)*
youth hostel ifjúsági szálló

zero nulla
zip zipzár
zoo állatkert
zoom (lens) gumiobjektív

DICTIONARY

HUNGARIAN-ENGLISH

A

a the
abban az esetben, hogy… in case of…
ábc deli
ablak window; **az ablakban** in the window
ad to give, to pass
adat item
adó tax
adómentes tax-free
ÁFA VAT
ágy bed
ajak lip
ajándékcsomagolás gift wrap
ajánl to recommend, to suggest
ajánlat offer *(n)*; **mai ajánlat, napi ajánlat** today's special, dish of the day
ajtó door
ájulás blackout
akar to want; **akar valamit tenni** to want to do something
akarattal on purpose
akárhogy anyway
akárki anybody, anyone
akármi anything
akkor then
alacsony low; **alacsony vérnyomás** low blood pressure
alak shape

alatt below, under, underneath; during
alig, aligha rarely
alj bottom; **az alján** at the bottom; **valaminek az alján** at the bottom of
alkalmas to suit
alkatrész spare part
alkohol alcohol
áll chin
állam state
állami public; **állami ünnep** public holiday
állapotos pregnant
állás job
állat animal
állatkert zoo
allergiás allergic
álmatlanság insomnia
álmos to be sleepy
alsónemű underwear
alszik to sleep
általában usually
általános general; **általános orvos** GP
altató anaesthetic
altatószer sleeping pill
alufólia tinfoil
alvás sleep *(n)*
amelyik which
amerikai American
amíg until
amint like *(adv)*

Anglia England
angol English
antibébi tabletta morning-after pill
antibiotikum antibiotics
anyag material
apa father
apály low tide
ápoló(nő) nurse
április April
ár cost, price
áramütés (electric) shock
aranyér piles
arc face
árcsökkenés reduction
arctörülő facecloth
árnyék shade; **az árnyékban** in the shade
arrafele over there
áru goods; product
áruház department store
asszony Mrs
ásványvíz mineral water
asztal table
asztma asthma
át over
átállási probléma jetlag
a te your
átsütött hús well done *(meat)*
augusztus August
autó car
autógyertya spark plug
autójavító breakdown service
autópálya motorway
az that; it; **az ott** that one; **az övé** hers
azalatt while
azért so that

azok those (ones)
azóta since

baba baby
babakocsi pram
bácsi Mr
bal left
baleset accident
balra to the left (of)
-ban in *(see grammar)*; **Angliában** in England; **a 19. században** in the 19th century
bán to mind; **nem bánom** I don't mind
bank bank
bankautomata cashpoint
bankjegy banknote
bár bar
barát friend
barátnő girlfriend
barlangozás caving
barna brown
barnulás tan
bébi baby
bébiüveg baby's bottle
becsomagol to pack one's suitcase
becsuk to shut
bedug to plug in
beenged access
befejez to finish
befogadás admission
bejárat entrance, way in
bejárati kód door code
bejelentkezés check-in
bejelentkezik to check in

bejön to come in
belenyugszik to put up with
belépő pass, ticket
beleszámítva included
belül inside
bélyeg stamp
bemegy to go in
-ben in *(see grammar)*; **2007-ben** in 2007
benn inside
bennünket us
benzin petrol; diesel
benzinkút petrol station
beoltott vaccinated
beparkol to park
bér hire *(n)*
bérbe ad to rent, to hire
bérlet pass, ticket
bérleti díj rent *(n)*
beszél, beszélget to speak
betakar to cover
beteg *(adj)* ill, sick; *(n)* patient; **betegnek érzi magát** to feel sick
betegség illness
betűz to spell; **hogyan betűzik?** how do you spell it?
bevált to change
beváltás exchange; **beváltási árfolyam** exchange rate
bevásárlóközpont shopping centre
bezár to close
bíbor purple
bicikli bicycle
biciklijárat cycle path
biciklipumpa bicycle pump
biztonság safety, security

biztonsági öv safety belt
biztonságos safe, secure
biztos sure
biztosít to protect
biztosítás insurance
biztosíték fuse
bocsánat sorry
bója buoy
boka ankle
-ból, -ből of *(see grammar)*
boldog happy
bolt shop; **bolti eladó** shop assistant
boltvezető shopkeeper
bor wine
bőr skin
boríték envelope
bőrönd suitcase
borotva razor
borotvahab shaving foam
borotvakrém shaving cream
borotválkozik to shave
borotvapenge razor blade
botanikus kert botanical garden
bringa bike
bronchitis bronchitis
bukósisak helmet
buli party
busz bus, coach
buszállomás bus station
buszmegálló bus stop
buszvonal bus route

---

cd CD
cég company
cellux ragasztó Sellotape®

centiméter centimetre
ceruza pencil
cigaretta cigarette
cigarettapapír cigarette paper
cím address
címtár directory; **címtár tudakozó** directory enquiries
cipel to carry
cipő shoes
cirkusz circus
comb thigh
csak only; **csak egy** just one; **csak egy kicsit** just a little
család family
családnév surname
csap tap
csapat team
csapolt sör draught beer
csatorna channel
csecsemő baby
csekk cheque
csemegebolt deli
csendes quiet; still
csepeg leak
cseppek drops
csésze cup
csípő hip
csizma boot
csodálatos wonderful
csökkentés reduction
csomag baggage, luggage; packet; parcel
csomagtartó boot
csónak boat
csoportos utazás guided tour
csótány cockroach
csukló wrist
csúszda slide

csütörtök Thursday
cukorbetegség diabetes

dagadt swollen
dagály high tide
darab piece; **egy darab** a piece of
darázs wasp
dátum date *(n)*
de but
debitkártya debit card
december December
defekt breakdown
dél noon; south
délen in the south
délre (to the) south of
délután afternoon
derék waist
desszert dessert
dezodor deodorant
diák student
diéta diet
diétázik to be on a diet
digitális kamera digital camera
díj charge
diszkó disco
dob to throw
dohány tobacco
dohányzó smoker
dolgok things
dolgozik to work
dolog thing
domb hill
drága expensive
dugó corkscrew; plug
dzseki jacket

ebből kifolyólag therefore
ebéd lunch
ebédel to have lunch
ebédidő midday
ébresztőóra alarm clock
edény pot
édes sweet *(adj)*
édesanya mother
édesség sweet *(n)*
ég *(n)* sky
ég *(v)* to burn
egér mouse
égés burn *(n)*
egész whole; each, every; **az egész együttesen** the whole cake; **egész nap** all day; **egész héten** all week
egészen quite
egészség health; **egészség!** cheers!
egészségére! bless you!
egészségi törülköző sanitary towel
éghajlat climate
egy a; one
egyedüli single
egyenes direct
egyenes flat *(adj)*
egyenesen előre straight ahead, straight on
egyes some; **egyes emberek** some people
Egyesült Államok United States
egyetlen single
egyik sem none, not any
egypár several
egyszer once; **naponta/**

óránként egyszer once a day/an hour
egyszeri jegy single (ticket)
együtt together
ehelyett instead
éhesnek lenni to be hungry
éhség hunger
éjfél midnight
éjjel night
ékszer jewellery
ékszerész jeweller's
él live
elad to sell
eladó for sale
elájul faint
elakadt stuck
elalszik to fall asleep
eldobható disposable
elég enough; **elég volt** that's enough; **elég sok** quite a lot of
elege van belőle to be fed up with
elektromos electric
elektromos borotva electric shaver
elektromos mérő electricity meter
elektromosság electricity
elem battery
elemlámpa torch
elér to reach
élet life
elfog to catch
elfogad to accept
elfoglalt engaged, busy
elhalaszt to cancel
elismer to recognize
elismervény receipt

eljegyzett engaged
elkapható contagious
elkezd to start
elkölt to spend
elküld to send
ellátás fare
ellen against
ellenőriz to check
ellentét opposite *(n)*
elmegy to go away; **elmegy vezetni egyet** to go for a drive
elnézést! excuse me!; **elnézést?** pardon?
elnyom to put out
élő alive
előadás show *(n)*
előlegben in advance
előnyben részesít to prefer
előre forward *(adj)*
előtt before; front; **valami előtt** in front of
előző former, previous
elromlik, elront to spoil
első first; **először is** first (of all)
első emelet first floor
első óra first class
elszállásol to put up, to lodge
eltávolít to remove
eltelik to pass
eltévedt to be lost
eltör to break; **eltöri a lábát** to break one's leg
eltűr to put up with
elüt to knock down
elutasít to refuse
elválaszt to separate
elvesz to get lost
elveszít to lose

elvonul to pass
elzárócsap stopcock
e-mail e-mail
e-mail cím e-mail address
emberek people
emelet storey
emelvény platform
emlék souvenir
emlékeztet to remind
emlékmű monument
emlékszik to remember
-en on *(see grammar)*
én I; me; **én is** me too
ének song
énekel to sing
énekes singer
enyém my; mine
epileptikus epileptic
épít to build
éppen just; **éppen valami előtt** just before; **éppen most érkeztem meg** I've just arrived
épület building
erdő forest
érett ripe
érez to sense; to feel; **jól/rosszul érzi magát** to feel good/bad
erős strong
érte for
értékesítés sales
érvényes valid
érzékeny sensitive
érzés feeling
és and
esernyő umbrella
esik to fall; **esik az eső** it's raining
esőkabát raincoat
ésszerű reasonable

este evening; in the evening; **ma este** this evening

észak north; **északon** in the north; **északra** (to the) north of

eszik to eat

eszpresszó expresso, espresso

étel food; dish; **étel elvitelre** takeaway

ételmérgezés food poisoning

étkezés meal

euro euro

euro csekk Eurocheque

Európa Europe

európai European

év year

évforduló anniversary

évszak season

évszázad century

extra extra

ez this (one); **ez az** this is

ezek these (ones)

ezüst silver

ezüstözött silver-plated

F

fa wood

fagyasztó freezer

fáj to hurt; **fáj a feje** to have a sore head; **fáj a fejem** my head hurts

fájdalomcsillapító aspirin

falu village

fáradt tired

fax fax

fazék pot

fázom I'm cold

február February

fehér white

fehérbor white wine

fej head

fejfájása van to have a headache

fejfedő helmet

fék brake (n)

fekete black

fékez to brake

fél half; **fél liter/kiló** half a litre/kilo

feladó sender

felállít to put up

felemel to put up

felé towards

felébred to wake up

félénk shy

felépül to get better

feleség wife

felesleg excess

felett above

felhőkarcoló skyscraper

féligsült hús medium (meat)

feliratozott subtitled

felkapcsol to switch on

felkel, feláll to get up

félkorsó half-pint

félóra half an hour

felöltözik to get dressed

félpanzió half-board

felpróbál to try on

felszáll to take off (plane)

felszállás boarding

felszámít to charge

felszerelés equipment

felszolgáló waiter

felszolgálólány waitress

feltölti benzinnel to fill up with petrol

feltöltőkártya top-up card

fenn upstairs
fenntartott reserved
fény light *(n)*
fénykép photo
fényképez to take a photo (of)
fényképezőgép camera
fényszóró headlight
férfi man
férj husband
fertőtlenít to disinfect
fertőzés infection
festés, festészet painting
festett üvegablak stained-glass windows
fésű comb
fesztivál festival
fia valakinek son
fiatal young
ficam sprain
figyel to watch; **figyelem!** watch out!
figyelmeztet to warn
film film; movie; **filmet kidolgoztat** to get a film developed
fiútestvér brother
fizetés to pay
flakon flask
flekken to barbecue
fő main
foci soccer
fodrász hairdresser
főétel main course
fog tooth
fogadtatás welcome
fogamzásgátló contraceptive; **fogamzásgátlót szed** to be on the pill

fogas coathanger
fogkefe toothbrush
fogkrém toothpaste
foglal to book
foglalt busy
fogorvos dentist
fogtömés filling *(in tooth)*
fok degree
föld earth
föld ground; **a földön** on the ground
földalatti underground
földalatti állomás underground station
földalatti vonal underground line
földszint ground floor
folt stain, spot
folyó river
font pound
fontos important
fordul to turn
forgalmi dugó traffic jam
forgalom traffic
forró hot; **ez forró** it's hot; **forró ital** hot drink
forrócsokoládé, forrócsoki hot chocolate
forróság heat
főtt cooked
főzés to do the cooking
főzőlap hotplate
fű grass
független independent
fül ear
fülbevaló earrings
füldugó earplugs
fülke compartment
fullánk sting *(n)*

fürdő bath
fürdőnadrág swimming trunks
fürdőruha swimsuit
fürdőszoba bathroom
fürdőtörülköző bath towel
fürödni to have a bath
füst smoke
fűszer spice
fűszeres spicy
futball soccer
fűtőtest radiator

G

galéria gallery
garancia guarantee
garázs garage
gáz gas
gázhenger gas cylinder
gépel to type
géz gauze
gipsz plaster (cast)
glutin nélküli gluten-free
golf golf
golfpálya golf course
gond problem
gondja van valamivel to have trouble doing something
gondolkozik to think;
  gondolkozik valamiről to think about
görkorcsolya rollerblades
gramm grams
grill barbecue
gumidefekt flat tyre
gumiobjektív zoom (lens)
gyakran often
gyalogos pedestrian

gyapjú wool
gyapott cotton
gyapottvirág cotton bud
gyenge weak
gyerek child
gyertya candle
gyógyszer medicine
gyógyszertár chemist
gyomor stomach
gyomorbetegség gastric flu
gyönyörű beautiful
gyors fast, quick; express
gyorsan quickly; **amilyen gyorsan csak lehet** as soon as possible
gyorsaság speed; **teljes gyorsasággal** at full speed
gyorsbusz shuttle bus
gyorsétterem fast-food restaurant
gyorstisztító launderette
gyorsvonat shuttle (train)
gyufa match
gyűjtemény collection
gyümölcslé juice
gyűrű ring

H

ha if
habár although
hágó (mountain) pass
hagy to let
hagyományos traditional
haj hair
hajszárító hairdrier
hal fish (n)
hall to hear
hallgat to listen

hálóing nightdress
halott dead
hálózsák sleeping bag
halüzlet fishmonger, fish shop
hamarosan soon
hámlik, hámoz to peel
hamutálca ashtray
hangos loud
hangya ant
hány to vomit
hányszor? how many times?
haragos upset
harap to bite
harapás bite *(n)*
harapnivaló snack
harapott bit
harisnyanadrág tights
hasmenése van: to have diarrhoea
használ to use; **valamire használ** to be used for
hasznos useful
haszontalan useless
hát back; **háta mögött** at the back of
határkő, tájpont landmark
hátizsák backpack, rucksack
hátramenet reverse gear
havazik to snow
ház house
hazamegy to go home
házas married
házimunka housework; **házimunkát végez** to do the housework
hegy mountain
hegyiház mountain hut
hegymászás climbing

helló hello
hely place
helyes correct, right
helyett instead of
helyi idő local time
helytelen wrong
hentes butcher
hét week
hétfő Monday
hétvége weekend
hiba flaw; mistake; **hibázik** to make a mistake
híd bridge
hideg cold; **hideg van** it's cold
hínár seaweed
hír news
hisz to believe
hív to call
hívás call *(n)*
hivat to be called
hivatás profession
hó snow *(n)*
hogy how; so that; **hogy vagy?** how are you?
hol where; **hol van/vannak… ?** where is/are …?
hold moon
hölgy Mrs
hölgyek (toalett) ladies' (toilet)
holnap tomorrow; **holnap este** tomorrow evening; **holnap reggel** tomorrow morning; **találkozunk holnap!** see you tomorrow!
holnapután the day after tomorrow
hólyag blister
hőmérő thermometer

hőmérséklet temperature
homlok forehead
homok sand
homoszexuális homosexual
hónap month
honnan: honnan való vagy? where are you from?
hosszú long; **hosszú idő** a long time;
hova: hova mész? where are you going?
hoz to bring; to carry; to fetch; **megy és hoz valakit/valamit** to go and fetch someone/ something
húg sister
húsvét Easter
hűtő, hűtőszekrény fridge
hűvös chilly, cool
húz pull

I

idegen foreign; foreigner
idegenvezető guide
idegenvezetőkönyv guidebook
ideges nervous
ideiglenes temporary
idő time; **mennyi az idő?** what time is it?
időben on time
időjárás weather
időjárásjelentés weather forecast
időkülönbség time difference
időről időre from time to time
ifjúsági szálló youth hostel
igaz true
igazgató manager

igen yes
igényel to take
ígéret to promise
ijedt scared
illata: jó/rossz illata van to smell good/bad
ilyen so
index indicator
indítványoz to propose
indulás departure
információ information
ing shirt
injekció injection
inkább rather
instans kávé instant coffee
internet Internet
internet kávézó Internet café
ír (n & adj) Irish
ír (v) to write
irány direction
irányít point
irányítószám postcode
Írország Ireland
is too
ismert well-known
ismétel to repeat
Isten hozott! welcome!
iszik to drink; **iszik egyet** to have a drink
ital drink (n)
itt here; **itt van/vannak** here is/are
ittas drunk
ív sheet (of paper)
ivóvíz drinking water
íz flavour
izom muscle
izzadás sweat

J

január January
járat airline
járógipsz plaster (cast)
játék game; toy; play
játszik to play
javasol to propose
jég ice
jégkocka ice cube
jegy ticket
jegyes fiancé, fiancée
jegyiroda ticket office
jegykönyv book of tickets
jegyzet note
jegyzetfüzet notebook
jel sign *(n)*
jelen present *(n)*
jelent to mean; **ez mit ... jelent?** what does ... mean?
jelez to sign
jelzés signal
jó good; nice; **jó éjt** goodnight; **jó reggelt** good morning; **jó napot** good afternoon; **jó estét** good evening; **jó étvágyat!** enjoy your meal!
jobb better; **jobb, ha...** it's better to ...; **annál jobb** all the better
jobbra: valamitől jobbra to the right (of)
jog right *(n)*
joga: joga van valamihez... to have the right to ...
jogosítvány driving licence
jól well; **jól vagyok** I'm very well
jön to come

július July
június June

K

kábítószer drugs, narcotics
kacag to laugh
kacsa duck
kagyló shellfish
kajak kayak
kalap hat
kanál spoon
kancsó jug
kapcsolat connection; contact; **fenntartja a kapcsolatot** to stay in touch
kapcsolatba lép to contact
kápolna chapel
kapu gate
kar arm
kár: kár érte it's a pity
karaván caravan
karóra watch *(n)*
kártya card
kaszkóbiztosítás comprehensive insurance
katasztrófa disaster
katedrális cathedral
kávé coffee
kávézó café
kedd Tuesday
kedv: jó/rossz kedve van to be in a good/bad mood
kedvenc favourite
kedves dear
kedvezmény concession, discount; **kedvezményt ad** to give someone a discount

kedvezményes útiár discount fare

kefe brush

kék blue

kelet east; **keleten** in the east; **keletre van** (to the) east of

kell to have to; **mennem kell** I have to go; **5 óra kell legyen** it must be 5 o'clock

kémény *(n)* chimney

kemény *(adj)* hard

kemping campsite

kempingfőző camping stove

kenőcs ointment

kényelmes comfortable

kényelmetlen uncomfortable

kenyér bread

képeslap postcard

képhez kap to receive

kérdés question

kérdez to ask; **kérdést tesz fel** to ask a question

kerék wheel

kerékgumi tyre

kérem please

kerékpár bicycle

kerékpárút cycle path

kérem? pardon?

keres to look for

kereszt cross *(n)*

keresztben across

keresztez to cross

keresztnév first name

keresztül over

kert garden

kés knife

késett delayed

késleltet delay

késő late; **késő nyitás** late-night opening

kész ready

készpénz cash; **készpénzzel fizet** to pay cash

készül to prepare

kétszer twice

kevés few

kevés little *(adv)*

kevesebb less; **kevesebb mint** less than

kéz hand

kezd to begin

kezdet beginning; **a kezdetben** at the beginning

kezdő beginner

kezel to manage

kézicsomag hand luggage

kézifék handbrake

kézitáska handbag

kézzel készített hand-made

ki who; **ki hív?** who's calling?

kiad to hire

kiállítás exhibition

kicsi small, little

kidob to throw out

kificamítja a bokáját to sprain one's ankle

kifogás excuse *(n)*

kifogy to run out; **kifogy a benzinből** to have run out of petrol

kifogyott out of stock

kihív to call out

kijárat exit, way out

kijelent to declare

kijelentés statement

kijelentkezés checkout

kijön to come out
kikötő port
kilométer kilometre
kimegy to go out
kimerít to exhaust
kimerítő exhausted
kinéz to look; to look like
kinn outside
kipufogócső exhaust pipe
kis small, little
kisasszony Miss
kiskabát jacket
kiszakad to burst
kitölt to fill out
kiugrás bump *(n)*
kiugró bumper
kiutazás outward journey
kivenni withdraw
kivételes exceptional
kivéve except
kívül outside
kő rock, stone
kockázat risk
kocogás jogging
köhög to cough, to have a cough
köhögés cough *(n)*
kölcsönöz to borrow; to lend
kölcsönzési díj rental
kolostor abbey, monastery
komoly serious
komp ferry
koncert concert
koncertterem concert hall
kondom condom
könnyű easy; light
kontaktlencse contact lenses
konyha kitchen
könyv book *(n)*

könyvesüzlet bookshop
könyvtár library
konzervdoboz can *(n)*
konzervnyitó can opener
konzulátus consulate
kor age
-kor on *(see grammar)*
korán early
köret dressing
körforgalom roundabout
kórház hospital
körmenet procession
környék area; **a környéken** in the area
köröm nail
körül around
kóstolás to taste
kösz thanks
köszönet to thank; **köszönettel valakinek** thanks to
köszönöm thank you; **nagyon köszönöm** thank you very much
kötés bandage
kövér fat
következő next
követség embassy
közel near
közép middle; **a közepén** in the middle (of)
közepes medium
középiskola secondary school
közgazdaságtan óra economy class
között among; between
központ centre
közül of *(see grammar)*
kreditkártya credit card
kuka bin

kulcs key
külföld abroad
külföldi foreign; foreigner
külön separately
különböző, különbözik different
különleges special
különlegesség speciality
különös strange
külváros suburb
kuplung clutch

L

láb leg; foot
lábas saucepan
labdarúgás soccer
láda chest
lakás flat *(n)*
lámpa lamp
langyos lukewarm
lány daughter; girl
lassan slowly
lassú slow
lát to see
látogat to visit
látogatás visit *(n)*
látvány view
láz fever; **láza van** to have a fever
leánykori név maiden name
lecsökkent to reduce
lefekszik vele to sleep with
lefényképez to take someone's photo
lefoglalt reserved
lefordít to translate
legalább at least
legfelső top
légiposta airmail

legjobb best; **a legjobb** the best
legkevesebb least; **a legkisebb** the least
légkondicionáló air conditioning
legtöbb most; **legtöbb ember** most people
legyező fan
lehetőség opportunity
lehetséges possible
lejárati dátum expiry date
lejárt out of date
lekapcsol to turn off
lekésik to miss; **lekési a vonatot** we missed the train
lelkész minister
lencse lens
lencsék lenses
lenn downstairs
lépcső stairs
lepedő sheet
lépés step
lerobban to break down
leszáll to get off
letét deposit
létezik to be; there is
léteznek there are
leül to sit down
levegő air
levél letter
lever to knock down
lift lift
liter litre
ló horse
lop to steal
lopás theft
luxus luxury *(n)*
luxusos luxury *(adj)*

ma today; **ma éjjel** tonight
magam myself
magas high; tall; **magas vérnyomás** high blood pressure
magazin magazine
Magyar Hungarian
Magyarország Hungary
máj liver
majdnem almost
május May
malom mill
manapság nowadays
már already
marad to stay
maradék (adj) spare
maradék (n) change
március March
máris right away
más another; other
másfélóra an hour and a half
másképpen otherwise
másnaposság hangover
második second
másodkezű áru second-hand
másodosztályú second class
mások others
matrac mattress
meccs game, match
mecset mosque
megáll to stop
megálló station; stop (n)
megcsíp to sting; **megszúrja valami** to get stung
megdöbbenés shock
megdöbbentő shocking
megégett: megégett a napon to get sunburnt

megelégedett pleased
megéri to be worth
megérint to touch
megérkezés arrival
megérkezik to arrive
megerőszakolás rape
megért to understand
megégeti magát to burn oneself
megfázás flu
megfog to catch
megfordulás U-turn
megfullad to drown
meggyújt to light
meghal to die
meghív to invite
meghűlés flu
mégis still
megjavít repair; **valamit megjavít** to get something repaired
megjegyzés note (n)
megkóstol to taste
meglehetősen quite
meglep to surprise
meglepetés surprise (n)
megmosakszik to have a wash
megmutat to show
megoszt to share
megtölt to fill in
megy to go; **Budapestre/Magyarországra megy** to go to Budapest/Hungary; **holnap megyünk haza** we're going home tomorrow
megye county
méh bee
meleg warm
melegítés heating

mellett beside
melltartó bra
méltányos reasonable
mély deep
melyik which
memóriakártya memory card
menedzser manager
menettérti jegy return ticket
mennyi how much?; how many;
  mennyi ideig? how long?;
  mennyibe kerül? how much
  is it?, how much does it cost?;
  mennyi idős vagy? how old
  are you?
mentőautó ambulance
mentség excuse (n)
menü menu
méret size
mert because
messze far
messzelátó binoculars
méter meter; metre
metró tube, underground
metróállomás tube station,
  underground station
mézes hetek honeymoon
meztelen naked
mi we
mi? what?; **mit akarsz?** what do
  you want?
miénk ours
miért why
mikor when
mikrohullámsütő microwave
mind each, every; **mind ugyanaz**
  all the same
mindegyik each (one), every
  (one)

minden every, each; **minden
  nap** every day; **mindent
  beleszámítva** all inclusive
mindenki everybody, everyone
mindenütt everywhere
mindig always
mindkettő both; **mindketten**
  both of us
minőség quality; **jó/rossz
  minőségű** of good/bad quality
mint like, as; **amint** as soon as
mise mass
mobiltelefon mobile (phone)
modern modern
mögött behind
mond to tell, to say; **hogy
  mondják...?** how do you say … ?
mondat sentence
moped moped
mos to wash; **megmossa a haját**
  to wash one's hair; **ruhát mos**
  to do the washing
mosás wash; washing
mosogat to do the dishes
mosogatógép dishwasher
mosogatószer washing-up liquid
mosógép washing machine
mosoly smile (n)
mosolyog to smile
mosómedence washbasin
mosószer washing powder
most now
motor engine
motorbicikli motorbike
mozi cinema
MP3 lejátszó MP3 player
műanyag plastic
műanyagzacskó plastic bag

működik to operate
mulatóhely nightclub
múlt past; last; **múlt év** last year
munka work *(n)*; **művészi munka** work of art
műsor programme
mutat point
műtét operation; **műtétje van** to have an operation
művész artist
művészet art
múzeum museum

N

-n on *(see grammar)*
nadrág trousers
nagy big
nagybácsi uncle
nagykanál tablespoon
nagyon very
nagyváros city
-nál at *(see grammar)*
nap sun; day; **a napon** in the sun
napbarnított tanned
napkalap sunhat
napkelte sunrise
napkrém sun cream
napnyugta sunset
napozik sunbathe
nappali living room
napszemüveg sunglasses
napszúrás sunstroke; **napszúrást kap** to get sunstroke
narancs orange *(fruit)*
narancssárga orange *(colour)*
nedves wet

nedvesítőszer moisturizer
negyed quarter; **negyedóra** a quarter of an hour; **negyedóra múlva tíz** a quarter to ten
négyzet square
néha sometimes
nehéz difficult; heavy
-nél at *(see grammar)*
nélkül without
nem no; not; **nem, köszönöm** no, thank you; **még nem** not yet
nemdohányzó non-smoker
nemzet people
nemzeti ünnep national holiday
nemzetközi international; **nemzetközi pénzutalás** international money order
nép people
név name; **a nevem…** my name is …
néz to look; to look at; **fáradtnak néz ki** to look tired
nő woman
nőgyógyász gynaecologist
notebook laptop
notesz notebook
növekedik to grow
november November
növény plant
nővér sister
nulla zero
nyak neck
nyakkendő tie
nyár summer
nyársonsült barbecue *(with spit-roast)*
nyelv language; tongue
nyers raw

nyilvános public
nyilvántartási szám registration number
nyilvánvaló obvious
nyirkos damp
nyit to open
nyitott open *(adj)*
nyom to press, to push
nyomás pressure
nyomorék disabled
nyugat west; **nyugaton** in the west; **nyugatra** (to the) west of
nyugta receipt

O

ő it; he; him; she; her *(see grammar)*
óceán ocean
odautazás outward journey
ők they
őket them
október October
öl to kill
olaj oil, diesel
olcsó cheap
oldal side
oldalborda rib
olló scissors
öltözőfülke, öltözőszoba fitting room, changing room
olvas to read
olyan so
-on on *(see grammar)*
-ön on *(see grammar)*
öngyújtó lighter
optika lens
optikus optician

óra hour; o'clock; **három az óra** three o'clock
órarend timetable
öreg old
organikus organic
óriási great
örökké all the time
öröm pleasure
orr nose
ország country
örülök az ismeretségnek! pleased to meet you!
orvos doctor
ösvény path
ősz autumn
őt her; him
óta since
ötlet tip
ott there;
otthon home; at home
övé his
övék their
övéik theirs

P

páciens patient
padló floor; **a padlón** on the floor
palacsinta pancake
palota palace
panaszkodik to complain
panoráma scenery
papír paper
papírszalvéta paper napkin
papírzsebkendő paper tissue
pár pair
parancsol to order
parfüm perfume

park park *(n)*
parkírozó car park
parkolóhely parking space
párna pillow
párnahuzat pillowcase
part coast; beach
pártfogol to protect
parti party
pazarlás to waste
pecsét stain, spot
pék baker's
pelenka nappy
péntek Friday
pénz money; **visszajáró pénz** small change
pénzátutalás transfer *(of money)*
pénzbüntetés fine *(n)*
pénzérme coin
pénznem currency
pénztárca purse, wallet
perc minute; **az utolsó percben** at the last minute
periódus period
peron platform
pezsgő fizzy
piac market
pihen to rest
pihenés rest *(n)*
piknik picnic
piknikel to have a picnic
pillanat moment
pillanat! hold on! *(on the phone)*
pillanatnyilag at the moment
pinkód PIN (number)
piperecikkek toiletries
piperetáska toilet bag
piros red
piros lámpa red light

pirula tablet
piszkos dirty *(adj)*
pite pie
poggyászmegőrző left-luggage (office)
pohár glass; **pohár víz/bor** a glass of water/of wine
pók spider
pont point
por powder
porta reception; **a portán** at reception
portás receptionist
portré portrait
posta mail, post; post office
postaláda letterbox, postbox
postán maradó poste restante
postás postman
poszter poster
pótkerék spare tyre, spare wheel
pótlás supplement
praktikus practical
privát private
próbál to try; **próbálkozik** to try to do something
pullóver sweater, jumper

R

-ra on *(see grammar)*
rablás rip-off
rádió radio
rádióállomás radio station
rakpart quay
randevú meeting, date, appointment
rasszista racist
-re on *(see grammar)*
recept recipe

regény novel
reggel morning
reggeli breakfast
reggelizik to have breakfast
régi városrész old town
regisztrált registered
reklámmagazin listings magazine
rend order (n)
rendben OK
rendelés appointment
rendelkezik to have; to own
rendes fine; tidy
rendez to arrange
rendőr policeman
rendőrnő police woman
rendőrőrs police station
rendőrség police
repül to fly
repülés flight
repülés fly (n)
repülő, repülőgép plane
repülőtér airport
rész part; **része valaminek** to be a part of
részleg department
rettenetes terrible
reuma rheumatism
r-hívás reverse-charge call
ritka rare
ritkán seldom
rizikó risk
rögzítő answering machine
-ról, -ről of (see grammar)
roller scooter
romok ruins; **romokban van** in ruins
rongált damaged
rossz bad; **nem rossz** it's not bad

rosszabb worse; **rosszabb, mint** it's worse than
rosszabbodik to get worse
rovar insect
rovarirtó insecticide
rövid short; **hiányzik két...** I'm two... short
rövidítés short cut
rövidnadrág shorts
rövidujjú short-sleeved
rozé rosé wine
rózsaszín pink
ruha, ruhanemű clothes
ruhatár cloakroom
ruhatisztító dry cleaner

S

saját own (adj); **a saját autóm** my own car
sajnálom! sorry!
sakk chess
sakktábla chessboard
sampon shampoo
sárga yellow
sarki üzlet deli
sátor tent
sátorcövek tent peg
sátorfenék ground sheet
sátorozik camping
sátorozni megy to go camping
sátorozó hely campsite
sátorozó camper
seb wound
sebészeti szesz surgical spirit
sebtapasz Elastoplast®, sticking plaster
sebzett injured

segít to help
segítség help *(n)*; **segítség!** help!;
  segítséget kér to call for help
sehol nowhere
sem: sem... sem... neither …
  nor …
semmi nothing
senki nobody
serpenyő frying pan
sétál to walk, to go walking
sétálni megy to go for a walk
sétacipő walking boots
sétahajózás cruise
sétálóutca pedestrianized street
sétány avenue
sí ski
síbot ski pole
sícizma ski boots
siess! hurry (up)!
sietni to be in a hurry
sífelvonó chairlift
sílift ski lift
sima flat *(adj)*
SIM kártya SIM card
síparadicsom ski resort
sír to cry
sízás skiing
sízik to go skiing
Skócia Scotland
skót Scottish
snowboard snowboard
snowboardolás snowboarding
só salt
soha never
sok a lot (of), many
sor queue *(n)*; **a te sorod van** it's
  your turn
sorba áll to queue

sörözni: megy sörözni to go for
  a drink
sós salty
sötét dark; **sötétkék** dark blue
sovány low-fat
sózott salted
sport sport
sportkocsi pushchair
sportos sporty
sportpálya sports ground
stadion stadium
stílus style
stoppol hitchhike
stoppolás hitchhiking
strand beach
strandernyő beach umbrella
strandpapucs flip-flops
sugárzás X-rays
süket deaf
sült fried
sürgős urgent
süt to bake; to fry
sütő oven
svábbogár cockroach
szabadság holiday(s);
  szabadságon van on holiday
szag smell *(n)*
szagol to smell
száj mouth
szakács to cook
szakáll beard
szakma profession
szállás accommodation
szálló hotel
szalvéta napkin
szám number; item
számít: nem számít it doesn't
  matter

számítógép computer
számla bill
számol to count
szandál sandals
szándékozik to intend to
szappan soap
száraz dry *(adj)*
szárít to dry
származik to date from
százalék percent
szegény poor
szégyen shame
szék chair
székesegyház cathedral
szél wind
széles wide
szelet, szeletel slice
szeletelt sliced
szélvédő windscreen
szem eye
szemben opposite *(prep)*
személy person
személyigazolvány identity card
szemét to waste
szemét rubbish; **kiviszi a szemetet** to take the rubbish out
szemeteskosár bin
szemüveg glasses
szénanátha hay fever
szénsavmentes still water
szenved to suffer
szép nice
szeptember September
szerda Wednesday
szerencse luck
szerencsés to be lucky
szeretkezés sex

szeretnék... I'd like …
szervez to organize
széthasít to split up
szétrobbanó burst *(adj)*
szia! hi!; see you soon!
sziget island
szikla cliff
szilánk splinter
szín colour
színdarab play *(n)*
színház theatre
szirup syrup
szív heart
szivacs sponge
szivar cigar
szívesen you're welcome
szívesség favour; **szívességet tesz valakinek** to do someone a favour
szívinfarktus heart attack
szoba room
szoknya skirt
szombat Saturday
szomj thirst
szomjas to be thirsty
szomorú sad
szomszéd neighbour
szőnyeg rug
szórólap leaflet
szoros tight
szorulásos constipated
szükség to need
szükséges necessary
születésnap birthday
születésnapi dátum date of birth
szülők parents
szundít to have a nap
szundítás nap

szünetel to rest
szúnyog mosquito
szupermarket supermarket
szürke grey

T

tábla board
tábor holiday camp
táborozó camper
tag member
táj landscape
tájékoztató brochure
tájpont landmark
takarít to clean
takaró blanket, cover
tál bowl
talál to find
található available
találka meeting; **találkát szervez** to arrange to meet
találkozik to meet
találkozó appointment; **találkozót szervezni** to make an appointment
találomra at random
talán *(adv)* maybe, perhaps
talán *(v)* might; **talán esni fog** it might rain
támad to attack
tampon tampon
tanács advice; **tanácsot kér** to ask someone's advice
tanácsol to advise
tánc dance *(n)*
táncol to dance
tanul to learn; to study
tanulmányok studies

tányér plate
társasutazás package holiday
tart to hold; to keep
tart to last
tartalék to reserve
tartozik to owe
tartózkodás stay *(n)*
táska bag
tavasz spring
távoz to leave
taxi taxi
taxisofőr taxi driver
te you
teáskanál teaspoon
tegnap yesterday; **tegnap este** yesterday evening
tegnapelőtt the day before yesterday
teherautó lorry
tél winter
tele full; **tele van** full of
telefon phone *(n)*
telefonál to phone
telefonfülke phone box
telefonhívás phone call
telefonkártya phonecard
telefonkód dialling code
telefonközpontos switchboard operator
telefonszám phone number
televízió television
teljes whole; **teljes ár** full fare, full price; **teljes ellátás** full board
teljesen quite
temető cemetery
templom church
tenger sea
tengeri beteg to be seasick

tengeri hal seafood
tengeri látvány sea view
tengerpart seaside; **a tengerparton** at the seaside
tengerparti fürdőhely seaside resort
tenisz tennis
teniszcipő tennis shoe
teniszpálya tennis court
teniszütő racket
tény fact; **a tény az, hogy** in fact
terasz balcony, terrace
térd knee
térkép map
természet nature
természetesen of course
termosz Thermos® flask
terv plan
test body
tesz to make; to put
tétel item
tetőn: a tetőn at the top
tetőpont summit
tetszik to like
tied yours
tilos forbidden
tinédzser teenager
tipikus typical
típus type *(n)*
tiszta clean *(adj)*
tizenéves teenager
tó lake
toalett toilet
több more; extra; **több mint** more than; **sokkal több mint** much more, a lot more; **nincs több...** there's no more ...; **a többi** the rest

többlet excess
tökéletes perfect
-tól, -től from *(see grammar)*; **-tól/-től... -ig** from... to...
tolerál to put up with
toll pen
tolószék wheelchair
tölt to fill
töltő adaptor
tolvaj thief
törékeny fragile
törés fracture
torok throat
törött broken
történik to happen
törülköző towel
törülő dish towel
trafikos tobacconist
troli trolley
tud to be able to; **nem tudok** I can't
tud to know; **nem tudom** I don't know
tüdő lung
tükör mirror
tulajdon, saját; my own car a saját autóm own *(adj)*
tulajdonos owner
túl sok too many; too much
túlsúly: a csomagom túlsúlyos my luggage is overweight
túlsütött overdone
tűnik to seem; **úgy tűnik, hogy...** it seems that ...
túrázás hiking, hill-walking
túrázik to go hiking, to go hill-walking
turista tourist

turistacsapda tourist trap
turistaház mountain hut
turistairoda tourist office
tusfürdő shower gel
tusol to take a shower
tusoló shower
tűz fire; **kaphatnék egy kis tüzet?, van tüzed?** do you have a light?
tűzijáték fireworks
tűzoltóság fire brigade

U

üdvözöljük! welcome!
ugyanaz same; the same
ugyancsak also, as well as
ügyvéd lawyer
új new
újból again
újév New Year
ujj finger; sleeve
újra kinyit to reopen
újság newspaper
újságárusító newsagent
újságosbódé newsstand
-uk, -ük their *(see grammar)*
ülőhely seat
-unk, -ünk our *(see grammar)*
úr Mr
urak (toalett) gents' (toilet)
üres empty
úszás swimming
úszni: úszni megy to go for a swim
úszik to swim
úszómedence swimming pool
út road; way; journey, trip; **jó utat!** have a good trip!

utazás journey
utál to hate
után after
utas passenger
utazási csekk traveller's cheque
utazási iroda travel agency
utazik to travel
utca street
útelágazás fork *(in road)*
útjelző road sign
útlevél passport
utolsó last *(adj)*
üveg bottle
üvegnyitó bottle opener
üzemel to operate; **nem üzemel** out of order
üzenet message
üzlet shop

V

vacsora dinner
vacsorázik to have dinner
vad wild
vág to cut
vágány platform
vagy or
vak blind
vakbélgyulladás appendicitis
vaku flash
-val with; by
valahol somewhere; **valahol máshol** somewhere else
valaki somebody, someone
valakié whose
valami something; **valami más** something else
valamiből kifolyólag because of

valamire to look after
válasz answer *(n)*
válaszol to answer
váll shoulder
valószínűleg probably
vált to change
valuta currency
vám customs; toll
van to be; there is
vannak there are
vár *(n)* castle
vár *(v)* to wait; **vár valakire/
valamire** to wait for someone/
something
város town
városháza town hall
városközpont town centre
vas iron *(n)*
vasal to iron
vásár fair *(n)*
vásárlás shopping
vasárnap Sunday
vásárol to buy; to do some/the
shopping
vásáron: a vásáron in the sale
vatta cotton wool
védés to save
végállomás terminal
vége end *(n)*; **valaminek a vége**
at the end of; **az utca végén** at
the end of the street
vegetáriánus vegetarian
véglegesít to confirm
végre finally
vékony thin
-vel with
**vélemény: véleményem
szerint** in my opinion

vendég guest
vendégház guest house
vendéglő restaurant
vér blood
verekedés to fight
vérez to bleed
vérnyomás blood pressure
vese kidney
vesz to get
veszélyes dangerous
vészhelyzet emergency;
vészhelyzetben in an
emergency
vészkijárat emergency exit
vezet to drive; to manage
vidámpark theme park
vidék countryside
vigyáz valakire to look after
vihar storm
világ world
világítótorony lighthouse
villa fork; villa
villamos tram
villanykörte light bulb
vírusos contagious
visel to wear
visszaad to give back
visszafizetés refund *(n)*
visszahív to call back
visszajön to come back
visszatér to return
visszatérít to refund;
visszatérítést kap to get a
refund
viszketős itchy
viszki scotch *(whisky)*
viszlát goodbye; see you later
viteldíj fare

vitorla sail
vitorlázás sailing
vitorlázik to go sailing
víz water; **nem iható víz** non-drinking water
vízálló waterproof
vízbefullad to drown
vízmelegítő water heater
vízum visa
vízvezeték-szerelő plumber
völgy valley
volilabda volleyball
vonal line
vonat train; **a budapesti vonat** the train to Budapest
vonatállomás train station
vörös red *(hair)*
vörösbor red wine

Wales Wales

walkman Walkman®
wc-papír toilet paper
weboldal website
welszi Welsh

zaj noise; **zajt csinál** to make a noise
zajos noisy
zár lock
záróra closing time
zárva closed
zavar to disturb; **kérem ne zavarjon!** do not disturb
zene music
zenekar orchestra
zipzár zip
zokni socks
zöld green
zöldségárus grocer
zsebkendő handkerchief
zsinagóga synagogue
zsúfolt packed

GRAMMAR

Nouns are neutral in Hungarian, ie there is no such thing as masculine or feminine.

The **indefinite article** ("a/an" in English) is **egy** and the **definite article** ("the" in English) is **a**, or **az** if preceding a word that begins with a vowel:

a dog **egy kutya**   a kennel **egy kutyaház**
the house **a ház**   the road **az út**

In the plural, the indefinite article disappears and the definite article remains unchanged:

cats **macskák**   the buildings **az épületek**

The **plural** is formed by adding a **-k** to the end of the word, preceded by a vowel which seems arbitrary at first, but actually follows a simple pattern of what is called **phonetic assimilation** (ie the vowel mimics or conforms to the preceding vowel in the word, according to set rules). All the possible combinations are shown in the following examples:

mag → mag**ok**	(a → ok)	seeds
ház → ház**ak**	(á → ak)	houses
kecske → kecsk**ék**	(e → ék)	goats
csésze → csész**ék**	(é → ék)	cups
kifli → kifl**ik**	(i → i)	rolls
ín → ín**ek**	(í → ek)	tendons
város → város**ok**	(o → ok)	towns
hajó → hajó**k**	(ó → ók)	boats
pötty → pötty**ök**	(ö → ök)	spots
csőr → csőr**ök**	(ő → ök)	beaks
rúd → rud**ak**	(u → ak)	poles
lúd → lud**ak**	(ú → ak)	geese
sün → sün**ök**	(ü → ök)	hedgehogs
bűn → bűn**ök**	(ű → ök)	sins

Since Hungarian is what linguists call an **agglutinating** language (ie words take various suffixes, prefixes and so on which change the sense), this system of vowels conforming is the same throughout the language and is referred to as **vowel harmony**. Thus the same principle as demonstrated above with plurals can be applied to possessives (**magom** my seeds;

városom my town; lúdam my goose) and other elements of the sentence.
The **direct object** of the verb in Hungarian is indicated by a **-t** at the end
of the word. If the word ends in a consonant the appropriate vowel must
be added before the **-t**:

hal → hal**at**	fish
víz → víz**et**	water
gyümölcs → gyümölcs**öt**	fruit

Prepositions are indicated by suffixes which follow the same rules of
vowel harmony as explained above:

- -nak/-nek to, for
  a barátom my friend → a barátom**nak** to/for my friend
  hölgy lady → a hölgy**nek** to/for the lady

- -val/-vel with
  mozi movie → mozi**val** with the movie
  szekér horse and cart → szekér**rel** with horse and cart
  (NB if the word ends with a consonant, the **v** is replaced by a double
  consonant)

- -ért for
  húsz forint 20 forints → húsz forint**ért** for 20 forints

- -on/-en/-ön/-n on
  asztal table → asztal**on** on the table

- -ra/-re for (with movement)
  Pozsony Bratislava → Pozsony**ra** for Bratislava

- -ról/-ről from (with movement)
  Pécs Pécs → Pécs**ről** from Pécs

- -ban/-ben in
  Erdély Transylvania → Erdély**ben** in Transylvania
  állatkert zoo → állatkert**ben** in the zoo

- -ba/-be to, into
  szoba room → a szobá**ba** into the room
  London → London**ba** to London

- -ból/-ből from
  uszoda pool → az uszodá**ból** from the pool
  Zürich → Zürich**ből** from Zurich

- **-nál/-nél** by, beside, next to
  Andrássy út Andrassy street → az Andrássy út**nál** by Andrassy street
  lelkész minister → lelkész**nél** with the minister
- **-hoz/-hez/-höz** going to
  a Balaton Lake Balaton → a Balaton**hoz** going to Lake Balaton
- **-tól/-től** from, of
  fürdő baths → fürdő**ből** from the baths
- **-ig** until
  reggel morning → reggel**ig** until morning
- **-kor** at
  dél noon → dél**kor** at noon
- **-ul/-ül** in (with languages)
  angol English → angol**ul** in English
  német German → német**ül** in German

The direct object after a preposition is indicated in Hungarian by the use of a suffix:

mellett beside → mellettem beside me
miatt because of → miattam because of me
előtt before → előttem before me
mögött behind → mögöttem behind me
után after → utánatok after you
szerint according to → szerintük according to them

Numbers and **quantity** are indicated only by the word before the noun; the noun itself does not take a plural form.

egy macska one cat → két macska two cats
kevés macska few cats → sok macska many cats

However, when an **adjective** is used to describe a noun, it must agree in number:

a szép erdő the beautiful forest → az erdők szépek the forests are beautiful
a zöld madár the green bird → a madarak zöldek the birds are green

Comparatives are formed by adding the suffix -bb to the end of a word. The **superlative** is formed by adding the prefix leg- to the comparative form:

nehéz difficult → **nehezebb** more difficult → **legnehezebb** the most difficult

Personal pronouns

	subject	direct object	indirect object
1st sing	**én** (I)	**engem** (me)	**nekem** (to me)
2nd sing	**te** (you)	**téged** (you)	**neked** (to you)
3rd sing	**ő** (he/she/it)	**őt** (him/her/it)	**neki** (to him/her/it)
1st pl	**mi** (we)	**minket** (us)	**nekünk** (to us)
2nd pl	**ti** (you)	**titeket** (you)	**(ti)nektek** (to you)
3rd pl	**ők** (they)	**őket** (them)	**(ő)nekik** (to them)

The **possessive** is indicated by adding **-é** to the end of the person or object denoting the owner:

a ház Juliáé the house is Julia's

The sentence structure is similar to English:

a Duna vize the Danube's waters
Júlia háza Julia's house

Possessive adjectives and pronouns

my -m	mine -im, -aim, -eim, -jaim, -jeim
your -d	yours -id, aid, -eid, -jaid, -jeid
his/her/its -a, -e, -ja, -je	his/hers/its -i, -ai, -ei, -jai, -jei
our -nk, -unk, -ünk	ours -ink, -aink, -eink, -jaink, -jeink
your -tok, -tek, -tök	yours -itok, -itek, -aitok, -eitek, -jaitok, -jeitek
their -uk, ük, -juk, -jük	theirs -ik, -aik, -eik, -jaik, -jeik

az (én) útlevelem this is my passport
ez a (mi) hajónk this is our boat

In the dictionary, Hungarian **verbs** are recorded in the 3rd person singular (with the **-ik** suffix). The infinitive has the **-ni** suffix.

utazik he/she/it travels → **utazni** to travel
dolgozik he/she/it works → **dolgozni** to work

Hungarian verbs do not have tenses in the same way as English. The past and the present (sometimes called the non-present) are the main distinctions, while the future tense is formed using modal auxiliaries (much like in English, for example "I will go", where "will" is the auxiliary and "go" the infinitive).

The present (non-past) conjugation of **hív** (to call) and **kér** (to ask). The form also depends on whether the verb is a subject or an object of the sentence

	subject		object	
én	hívok	kérek	hívom	kérem
te	hívsz	kérsz	hívod	kéred
ő	hív	kér	hívja	kéri
mi	hívunk	kérünk	hívjuk	kérjük
ti	hívtok	kértek	hívjátok	kéritek
ők	hívnak	kérnek	hívják	kérik

When the subject is the first person singular and the complement of the direct object is in the second person, then the ending is -lak/-lek:

szeret → szeretlek (téged) I love you
meghív → meghívlak (téged) I invite you
keres → kereslek titeket I was looking for you (all)
vár → várlak titeket I am waiting for you (all)

The **past tense** is marked with a -t- infix and an ending; the subject/object distinction still applies:

	subject		object	
én	hívtam	kértem	hívtam	kértem
te	hívtál	kértél	hívtad	kérted
ő	hívott	kért	hívta	kérte
mi	hívtunk	kértünk	hívtuk	kértük
ti	hívtatok	kértetek	hívtátok	kértétek
ők	hívtak	kértek	hívták	kérték

The **future tense** is produced by conjugating the auxiliary verb **fog** and adding it to the infinitive form of the verb:

én	fogok hívni	fogom hívni
te	fogsz hívni	fogod hívni
ő	fog hívni	fogja hívni
mi	fogunk hívni	fogjuk hívni
ti	fogtok hívni	fogjátok hívni
ők	fognak hívni	fogják hívni

The auxiliary **majd** can also be used, but this is never conjugated:

    majd hívok egy vízszerelőt I will call a plumber
    majd elmegyek dolgozni I will go to work

To form the **conditional** (equivalent to "I would call if…", "I would ask if…"), Hungarian uses an **-n-** infix:

én	hívnék	kérnék	hívnám	kérném
te	hívnál	kérnél	hívnád	kérnéd
ő	hívna	kérne	hívná	kérné
mi	hívnánk	kérnénk	hívnánk	kérnénk
ti	hívnátok	kérnétek	hívnátok	kérnétek
ők	hívnának	kérnének	hívnák	kérnék

    szívesen kérnék egy korsó sört I would gladly ask for a
       pint of beer (= I would really like a pint of beer)

The **imperative** (equivalent to "call me!", "ask me!") and **subjunctive** are both indicated by the infix **-j-**. This is the same form also used to ask the questions "should I call?" and "should I ask?":

én	hívjak	kérjek	hívjam	kérjem
te	hívj(ál)	kérj(él)	hív(ja)d	kér(je)d
ő	hívjon	kérjen	hívja	kérje
mi	hívjunk	kérjünk	hívjuk	kérjük
ti	hívjatok	kérjetek	hívjátok	kérjétek
ők	hívjanak	kérjenek	hívják	kérjék

Prepositions in Hungarian are indicated by prefixes attached to verbs. In fact, many verbs change their meaning entirely depending on the prefix attached. For example, the verb "to go" (**megy**) becomes:

lemegy to descend, to come/
    go down
bemegy to enter, to come/
    go in
átmegy to come/go through
hazamegy to return, to come/
    go home

felmegy to ascend, to
    come/go up, to visit
kimegy to exit, to
    come/go out
elmegy to leave
visszamegy to return

When this happens in the future tense, the prefix is removed and becomes a separate word at the beginning of the phrase:

le fog menni a városba he/she/it will come/go into town
fel fog menni a családhoz he/she will visit his/her family

With **negation**, the word order is reversed:

nem megy **le** he won't come/go down
nem megy **fel** he won't visit

The verb "to be":

	present	past	future	conditional	imperative
én	vagyok	voltam	leszek	lennék	legyek
te	vagy	voltál	leszel	lennél	legyél
ő	van	volt	lesz	lenne	legyen
mi	vagyunk	voltunk	leszünk	lennénk	legyünk
ti	vagytok	voltatok	lesztek	lennétek	legyetek
ők	vannak	voltak	lesznek	lennének	legyenek

You can use the 3rd person of the verb to ask the question "is there?" and to respond:

van hely? is there a place? – **van** there is
vannak helyek? are there places? – **vannak** there are
volt hely? was there a place? – **volt** there was
lesz hely? will there be a place? – **lesz** there will

In the negative:

nem **volt** hely there wasn't a place
nem **lesz** hely there won't be a place

NB: In the present tense, **nem + van = nincs**!

nincs hely there is no place

The verb "to have" does not exist in Hungarian; use instead the verb "to be", which will suffice in most situations. However, be careful of the distinction between:

van kutyád? do you have a dog?
kutya **vagy**? are you a dog?

Some very irregular verbs:

	menni (to go)	**jönni** (to come)
én	megyek	jövök
te	mész	jössz
ő	megy	jön
mi	megyünk	jövünk
ti	mentek	jöttök
ők	mennek	jönnek

	enni (to eat)		**inni** (to drink)	
	subject	object	subject	object
én	eszem	eszem	iszom	iszom
te	eszel	eszed	iszol	iszod
ő	eszik	eszi	iszik	issza
mi	eszünk	esszük	iszunk	isszuk
ti	esztek	eszitek	isztok	isszátok
ők	esznek	eszik	isznak	isszák

The verbs **venni** (to take, to buy), **tenni** (to put, to do), **vinni** (to carry, to wear) and **hinni** (to believe) are all conjugated in a similar pattern to **enni** and **inni**.

The past, conditional and imperative:

ettem I ate	**ennék** I would eat	**egyél!** eat!
ittam I drank	**innék** I would drink	**igyál!** drink!
vettem I bought	**vennék** I would buy	**vegyél!** take!
vittem I carried	**vinnék** I would carry	**vigyél!** take!

One final note is that in Hungarian word order is quite free. The meaning will never change as long as all the affixes remain the same. Some sentences can have thirteen different orders!

HOLIDAYS AND FESTIVALS

National and traditional holidays are important events in Hungary and visitors often comment upon the way in which life seems to stop on these days. The streets will seem deserted and people often stock up on food, drinks and any other necessities for longer holidays such as Christmas and Easter well in advance. Increasingly, though, some larger business and larger stores such as Tesco will remain open, albeit with restricted opening hours. The public transport system in Budapest also stops at around 3pm on public holidays.

NATIONAL BANK HOLIDAYS

1 January	**New Year's Day** (many places will also remain closed on the 2nd and some on 3 January, although this is becoming less common)
15 March	**1848 Revolution Day** (in 1848 13 Hungarian generals led a revolution against the Hapsburgs of Austria. They were defeated and executed in Arad. To this day, Hungarians will not toast with their beer in memory of this event, as apparently the Austrian executioners toasted with their beer over the fallen generals)
1 May	**Labour Day/May Day** (barbecues are organized in parks, often accompanied with live folk music)
May (variable)	**Whitsunday/Pentecost** (bank holiday, although many businesses remain open)
20 August	**St Stephen's Day/Constitution Day** (St Stephen was the first Christian King of Hungary, crowned in the year 1000)
23 October	**1956 Revolution Day** (in 1956 Hungary rose up against the Soviet Union and fought bloody street battles in Budapest with the Russian armies until 11 November, when the revolutionaries were defeated)

31 October/1 November on 31 October Protestant Hungarians celebrate the **Reformation**, while Catholics celebrate **All Saints' Day** the following day. Members of both religions will also use this opportunity to visit the tombs and graves of relatives and lay flowers or candles at night.

24–27 December **Christmas** (Hungarians usually take the 25th and 26th off work, and often the 27th also. Churches hold services or mass on all three days. Christmas Eve is usually spent intimately with close family members, while the other days of the holiday are spent with more distant relatives and friends)

FESTIVALS AND CELEBRATIONS

While Valentine's Day slowly grows in popularity in Hungary, **Women's Day** on 8 May is a bigger day of celebration. Women will receive flowers, cards, chocolates and all the usual festivities associated with Valentine's Day in the UK. The first Sunday in May is also Mother's Day. Father's Day falls on the first Sunday in September.

Some of the **Easter** celebrations include painting or dyeing eggs with traditional folk patterns. Chocolate eggs and rabbits are also becoming popular.

Throughout the summer months, from May to August, many street concerts, festivals and fairs are organized. Free concerts take place featuring music of all varieties – folk, classical, choral, rock and jazz. Popular places for street concerts are Heroes Square, the City Park, Deak Ferenc Square, Margit Island and the Buda Castle. The Buda Castle is also famous for its medieval and traditional fair that is held on and around St Stephen's Day.

Another festival that Hungarians celebrate is **St Nicholas' Day**, on 6 December. St Nicholas was a Polish monk who worked with orphaned children and Hungarians remember him by giving oranges and chocolates to any children they know on this day. Parents will leave these treats in their children's shoes for them to find in the morning. Legend has it the bad children receive coal when they wake up.

USEFUL ADDRESSES

IN HUNGARY
British Embassy, Budapest
1051 Budapest
Harmincad utca 6.
Tel.: +36 1 266 2888
Fax: +36 1 266 0907
Website: www.britishembassy.hu

Embassy of the United States, Budapest
1054 Budapest
Szabadság tér 12
Tel.: +36 1 475-4400
After-hours emergency hotline: +36 1 475-4703/4924
Fax: +36 1 475-4764
Website: http://budapest.usembassy.gov

IN THE UK
Embassy of the Republic of Hungary, London
35 Eaton Place
London SW1X 8BY
Tel.: 020 7235 5218
Fax: 020 7235 1984
Website: www.mfa.gov.hu/kulkepviselet/UK/en/mainpage.htm

IN THE USA
Embassy of Hungary, Washington DC
3910 Shoemaker St., NW
Washington, DC 20008
Tel.: (202) 362-6730
Website: www.huembwas.org

USEFUL PHONE NUMBERS

General emergency number: **112**
Ambulance: **104**
Fire brigade: **105**
Police: **107**
24-hour English language information line (free from the UK):
00800 36 000 000

USEFUL WEBSITES

Hungarian National Tourist Office, UK
www.gotohungary.co.uk

Hungarian National Tourist Office, USA
www.gotohungary.co.uk

Hungarian National Tourist Office, Hungary
www.hungarytourism.hu

Hungarian Rail Network (MÁV)
www.mav.hu

Hungarian Coach Network (Volánbusz)
www.volanbusz.hu

Budapest Transport Company (BKV)
www.bkv.hu

CONVERSION TABLES

Note that when writing numbers, Hungarian uses a comma where English uses a full stop. For example 0.6 would be written 0,6 in Hungarian.

Measurements

Only the metric system is used in Hungary.

Length	**Distance**
1 cm ≈ 0.4 inches	1 metre ≈ 1 yard
30 cm ≈ 1 foot	1 km ≈ 0.6 miles

To convert kilometres into miles, divide by 8 and then multiply by 5.

kilometres	1	2	5	10	20	100
miles	0.6	1.25	3.1	6.25	12.50	62.5

To convert miles into kilometres, divide by 5 and then multiply by 8.

miles	1	2	5	10	20	100
kilometres	1.6	3.2	8	16	32	160

Weight

25g ≈ 1 oz   1 kg ≈ 2 lb   6 kg ≈ 1 stone

To convert kilos into pounds, divide by 5 and then multiply by 11.
To convert pounds into kilos, multiply by 5 and then divide by 11.

kilos	1	2	10	20	60	80
pounds	2.2	4.4	22	44	132	176

Liquid

1 litre ≈ 2 pints
4.5 litres ≈ 1 gallon

Temperature

To convert temperatures in Fahrenheit into Celsius, subtract 32, multiply by 5 and then divide by 9.
To convert temperatures in Celsius into Fahrenheit, divide by 5, multiply by 9 and then add 32.

Fahrenheit (°F)	32	40	50	59	68	86	100
Celsius (°C)	0	4	10	15	20	30	38

Clothes sizes

Sometimes you will find sizes given using the English-language abbreviations **XS** (Extra Small), **S** (Small), **M** (Medium), **L** (Large) and **XL** (Extra Large).

- **Women's clothes**

Europe	36	38	40	42	44	etc
UK	8	10	12	14	16	

- **Bras (cup sizes are the same)**

Europe	70	75	80	85	90	etc
UK	32	34	36	38	40	

- **Men's shirts (collar size)**

Europe		36	38	41	43	etc
UK	14	15	16	17		

- **Men's clothes**

Europe	40	42	44	46	48	50	etc
UK	30	32	34	36	38	40	

Shoe sizes

- **Women's shoes**

Europe	37	38	39	40	42	etc
UK	4	5	6	7	8	

- **Men's shoes**

Europe	40	42	43	44	46	etc
UK	7	8	9	10	11	